茅盾精选集

茅盾

茅盾精选集
林家铺子

茅盾 / 著

人民日报出版社

茅 盾
（1896 — 1981）

目录
Contents

林家铺子 / 1

秋收 / 40

残冬 / 67

创造 / 86

诗与散文 / 113

大泽乡 / 127

小巫 / 135

当铺前 / 149

大鼻子的故事 / 159

水藻行 / 180

春蚕 / 197

林家铺子

一

林小姐这天从学校回来就噘起着小嘴唇。她掼下了书包,并不照例到镜台前梳头发搽粉,却倒在床上看着帐顶出神。小花噗地也跳上床来,挨着林小姐的腰部摩擦,咪呜咪呜地叫了两声。林小姐本能地伸手到小花头上摸了一下,随即翻一个身,把脸埋在枕头里,就叫道:

"妈呀!"

没有回答。妈的房就在间壁,妈素常疼爱这唯一的女儿,听得女儿回来就要摇摇摆摆走过来问她肚子饿不饿,妈留着好东西呢,——再不然,就差吴妈赶快去买一碗馄饨。但今天却作怪,妈的房间明明有说话的声音,并且还听得妈在打呃,却是妈连回答也没有一声。

林小姐在床上又翻一个身,翘起了头,打算偷听妈和谁谈话,是那样悄悄地放低了声音。

然而听不清,只有妈的连声打呃,间歇地飘到林小姐的耳朵。忽然妈的嗓音高了一些,似乎很生气,就有几个字听得很分明:

"——这也是东洋货,那也是东洋货,呃!……"

林小姐猛一跳,就好像理发时候颈脖子上粘了许多短头发似的浑身都烦躁起来了。正也是为了这东洋货问题,她在学校里给人家笑骂,她回家来没好气。她一手推开了又挨到她身边来的小花,跳起来就剥下那件新制的翠绿色假毛葛驼绒旗袍来,拎在手里抖了几下,叹一口气。据说这怪好看的假毛葛和驼绒都是东洋来的。她撩开这件驼绒旗袍,从床下拖出那口小巧的牛皮箱来,赌气似的扭开了箱子盖,把箱子底朝天向床上一撒,花花绿绿的衣服和杂用品就滚满了一床。小花吃了一惊,噗地跳下床去,转一个身,却又跳在一张椅子上蹲着望住它的女主人。

林小姐的一双手在那堆衣服里抓捞了一会儿,就呆呆地站在床前出神。这许多衣服和杂用品越看越可爱,却又越看越像是东洋货呢!全都不能穿了么?可是她——舍不得,而且她的父亲也未必肯另外再置新的!林小姐忍不住眼圈儿红了。她爱这些东洋货,她又恨那些东洋人;好好儿的发兵打东三省干么呢?不然,穿了东洋货有谁来笑骂。

"呃——"

忽然房门边来了这一声。接着就是林大娘的摇摇摆摆的瘦身形。看见那乱丢了一床的衣服,又看见女儿只穿着一件绒线短衣站在床前出神,林大娘这一惊非同小可。心里愈是着急,她那个"呃"却愈是打得多,暂时竟说不出半句话来。

林小姐飞跑到母亲身边,哭丧着脸说:

"妈呀!全是东洋货,明儿叫我穿什么衣服?"

林大娘摇着头只是打呃,一手扶住了女儿的肩膀,一手揉磨自己的胸脯,过了一会儿,她方才挣扎出几句话来:

"阿囝,呃,你干么脱得——呃,光落落?留心冻——呃——

我这毛病,呃,生你那年起了这个病痛,呃,近来越发凶了!呃——"

"妈呀!你说明儿我穿什么衣服?我只好躲在家里不出去了,他们要笑我,骂我!"

但是林大娘不回答。她一路打呃,走到床前拣出那件驼绒旗袍来,就替女儿披在身上,又拍拍床,要她坐下。小花又挨到林小姐脚边,昂起了头,眯细着眼睛看看林大娘,又看看林小姐;然后它懒懒地靠到林小姐的脚背上,就林小姐的鞋底来磨擦它的肚皮。林小姐一脚踢开了小花,就势身子一歪,躺在床上,把脸藏在她母亲的身后。

暂时两个都没有话。母亲忙着打呃,女儿忙着盘算"明天怎样出去";这东洋货问题不但影响到林小姐的所穿,还影响到她的所用;据说她那只常为同学们艳羡的化妆皮夹以及自动铅笔之类,也都是东洋货,而她却又爱这些小玩意儿的!

"阿囡,呃——肚子饿不饿?"

林大娘坐定了半响以后,渐渐少打几个呃了,就又开始她日常的疼爱女儿的老功课。

"不饿,嗳,妈呀,怎么老是问我饿不饿呢,顶要紧是没有了衣服明天怎样去上学!"

林小姐撒娇说,依然那样蜷曲着身体躺着,依然把脸藏在母亲背后。

自始就没弄明白为什么女儿尽嚷着没有衣服穿的林大娘现在第三次听得了这话儿,不能不再注意了,可是她那该死的打呃很不作美地又连连来了。恰在此时林先生走了进来,手里拿着一张字条儿,脸上乌霉霉的像是涂着一层灰。他看见林大娘不住地打呃,女儿躺在满床乱丢的衣服堆里,他就料到了几分,一双眉头就紧紧地皱起。他唤着女儿的名字说道：

"明秀，你的学校里有什么抗日会么？刚送来了这封信。说是明天你再穿东洋货的衣服去，他们就要烧呢——无法无天的话语，咳……"

"呃——呃！"

"真是岂有此理，哪一个人身上没有东洋货，却偏偏找定了我们家来生事！哪一家洋广货铺子里不是堆足了东洋货，偏是我的铺子犯法，一定要封存！啪！"

林先生气愤愤地又加了这几句，就颓然坐在床边的一张椅子里。

"呃，呃，救苦救难观世音，呃——"

"爸爸，我还有一件老式的棉袄，光景不是东洋货，可是穿出去人家又要笑我。"

过了一会儿，林小姐从床上坐起来说，她本来打算进一步要求父亲制一件不是东洋货的新衣，但瞧着父亲的脸色不对，便又不敢冒昧。同时，她的想象中就展开了那件旧棉袄惹人讪笑的情形，她忍不住哭起来了。

"呃，呃——啊哟！——呃，莫哭，——没有人笑你——呃，阿囡……"

"阿秀，明天不用去读书了！饭快要没得吃了，还读什么书！"

林先生懊恼地说，把手里那张字条儿扯得粉碎，一边走出房去，一边叹气跺脚。然而没多几时，林先生又匆匆地跑了回来，看着林大娘的面孔说道：

"橱门上的钥匙呢？给我！"

林大娘的脸色立刻变成灰白，瞪出了眼睛望着她的丈夫，永远不放松她的打呃忽然静定了半晌。

"没有办法，只好去斋斋那些闲神野鬼了——"

林先生顿住了,叹一口气,然后又接下去说:

"至多我花四百块。要是党部里还嫌少,我拼着不做生意,等他们来封!——我们对过的裕昌祥,进的东洋货比我多,足足有一万多块钱的码子呢,也只花了五百快,就太平无事了。——五百块!算是吃了几笔倒账罢!——钥匙!咳!那一个金项圈,总可以兑成三百块……"

"呃,呃,真——好比强盗!"

林大娘摸出那钥匙来,手也颤抖了,眼泪扑簌簌地往下掉。林小姐却反不哭了,瞪着一对泪眼,呆呆地出神,她恍惚看见那个曾经到她学校里来演说而且饿狗似的盯住看她的什么委员,一个怪叫人讨厌的黑麻子,捧住了她家的金项圈在半空里跳,张开了大嘴巴笑。随后,她又恍惚看见这强盗似的黑麻子和她的父亲吵嘴,父亲被他打了……

"啊哟!"

林小姐猛然一声惊叫,就扑在她妈的身上。林大娘慌得没有工夫尽打呃,挣扎着说:

"阿囡,呃,不要哭,——过了年,你爸爸有钱,就给你制新衣服——呃,那些狠心的强盗!都咬定我们有钱,呃,一年一年亏空,你爸爸做做肥田粉生意又上当,呃——店里全是别人的钱了。阿囡,呃,呃,我这病,活着也受罪,——呃,再过两年,你十九岁,招得个好女婿。呃,我死也放心了!——救苦救难观世音菩萨!呃——"

二

第二天,林先生的铺子里新换过一番布置。将近一星期不曾露脸的东洋货又都摆在最惹眼的地位了。林先生又摹仿上海大商店的办法,写了许多"大廉价照码九折"的红绿纸条,贴在玻璃窗上。这天是阴历腊月二十三,正是乡镇上洋广货店的"旺月"。不但林先生的额外支出"四百元"指望在这时候捞回来,就是林小姐的新衣服也靠托在这几天的生意好。

十点多钟,赶市的乡下人一群一群的在街上走过了,他们臂上挽着篮,或是牵着小孩子,粗声大气地一边在走,一边在谈话。他们望到了林先生的花花绿绿的铺面,都站住了,仰起脸,老婆唤丈夫,孩子叫爹娘,啧啧地夸羡那些货物。新年快到了,孩子们希望穿一双新袜子,女人们想到家里的面盆早就用破,全家合用的一条面巾还是半年前的老家伙,肥皂又断绝了一个多月,趁这里"卖贱货",正该买一点儿。林先生坐在账台上,抖擞着精神,堆起满脸的笑容,眼睛望着那些乡下人,又带睄着自己铺子里的两个伙计,两个学徒,满心希望货物出去,洋钱进来。但是这些乡下人看了一会儿,指指点点夸羡了一会儿,竟自懒洋洋地走到斜对门的裕昌祥铺面前站住了再看。林先生伸长了脖子,望到那班乡下人的背影,眼睛里冒出火来。他恨不得拉他们回来!

"呃——呃——"

坐在账台后面那道分隔铺面与"内宅"的蝴蝶门旁边的林大娘把勉强忍住了半晌的"呃"放出来。林小姐倚在她妈的身边,呆呆地望着街上不作声,心头却是扑扑地跳;她的新衣服至少已经走脱了半件。

林先生赶到柜台前睁大了妒忌的眼睛看着斜对门的同业裕昌祥。那边的四五个店员一字儿摆在柜台前,等候做买卖。但是那班乡下人没有一个走近到柜台边,他们看了一会儿,又照样地走过去了。林先生觉得心头一松,忍不住望着裕昌祥的伙计笑了一笑。这时又有七八人一队的乡下人走到林先生的铺面前,其中有一位年青的居然上前一步,歪着头看那些挂着的洋伞。林先生猛转过脸来,一对嘴唇皮立刻嘻开了;他亲自兜揽这位意想中的顾客了:

"喂,阿弟,买洋伞么?便宜货,一把洋伞卖九角!看看货色去。"

一个伙计已经取下了两三把洋伞,立刻撑开了一把,热剌剌地塞到那年青乡下人的手里,振起精神,使出夸卖的本领来:

"小当家,你看!洋缎面子,实心骨子,晴天,落雨,耐用好看!九角洋钱一顶,再便宜没有了!……那边是一只洋一顶,货色还没有这等好呢,你比一比就明白。"

那年青的乡下人拿着伞,没有主意似的张大了嘴巴。他回过头去望着一位五十多岁的老头子,又把手里的伞撅了一撅,似乎说:"买一把罢?"老头子却老大着急地吆喝道:

"阿大!你昏了,想买伞!一船硬柴,一古脑儿只卖三块多钱,你娘等着量米回去吃,哪有钱来买伞!"

"货色是便宜,没有钱买!"

站在那里观望的乡下人都叹着气说,懒洋洋地都走了。那年青的乡下人满脸涨红,摇一下头,放了伞也就要想走,这可把林先生急坏了,赶快让步问道:

"喂,喂,阿弟,你说多少钱呢?——再看看去,货色是靠得住的!"

"货色是便宜,钱不够。"

老头子一面回答,一面拉住了他的儿子,逃也似的走了。林先生苦着脸,踱回到账台里,浑身不得劲儿。他知道不是自己不会做生意,委实是乡下人太穷了,买不起九毛钱的一顶伞。他偷眼再望斜对门的裕昌祥,也还是只有人站在那里看,没有人上柜台买。裕昌祥左右邻的生泰杂货店万牲糕饼店那就简直连看的人都没有半个。一群一群走过的乡下人都挽着篮子,但篮子里空无一物;间或有花蓝布的一包儿,看样子就知道是米;甚至一个多月前乡下人收获的晚稻也早已被地主们和高利贷的债主们如数逼光,现在乡下人不得不一升两升地量着贵米吃。这一切,林先生都明白,他就觉得自己的一份生意至少是间接的被地主和高利贷者剥夺去了。

时间渐渐移近正午,街上走的乡下人已经很少了,林先生的铺子就只做成了一块多钱的生意,仅仅足够开销了"大廉价照码九折"的红绿纸条的广告费。林先生垂头丧气地走进"内宅"去,几乎没有勇气和女儿老婆相见。林小姐含着一泡眼泪,低着头坐在屋角;林大娘在一连串的打呃中,挣扎着对丈夫说:

"花了四百块钱,——又忙了一个晚上摆设起来,呃,东洋货是准卖了,却又生意清淡,呃——阿囡的爷呀!……吴妈又要拿工钱——"

"还只半天呢!不要着急。"

林先生勉强安慰着,心里的难受,比刀割还厉害。他闷闷地踱了几步。所有推广营业的方法都想遍了,觉得都不是路。生意清淡,早已各业如此,并不是他一家呀;人们都穷了,可没有法子。但是他总还希望下午的营业能够比较好些。本镇的人家买东西大概在下午。难道他们过新年不买些东西?只要他们存心买,林先生的营业是有把握的。毕竟他的货物比别家便宜。

是这盼望使得林先生依然能够抖擞着精神坐在账台上守候他意想中的下午的顾客。

这下午照例和上午显然不同:街上并没很多的人,但几乎每个人都相识,都能够叫出他们的姓名,或是他们的父亲和祖父的姓名。林先生靠在柜台上,用了异常温和的眼光迎送这些慢慢地走着谈着经过他那铺面的本镇人。他时常笑嘻嘻地迎着常有交易的人喊道:

"呵,××哥,到清风阁去吃茶么?小店大放盘,交易点儿去!"

有时被唤着的那位居然站住了,走上柜台来,于是林先生和他的店员就要大忙而特忙,异常敏感地伺察着这位未可知的顾客的眼光,瞧见他的眼光瞥到什么货物上,就赶快拿出那种货物请他考较。林小姐站在那对蝴蝶门边看望,也常常被林先生唤出来对那位未可知的顾客叫一声"伯伯"。小学徒送上一杯便茶来,外加一枝小联珠。

在价目上,林先生也格外让步;遇到那位顾客一定要除去一毛钱左右尾数的时候,他就从店员手里拿过那算盘来算了一会儿,然后不得已似的把那尾数从算盘上拨去,一面笑嘻嘻地说:

"真不够本呢!可是老主顾,只好遵命了。请你多做成几笔生意罢!"

整个下午就是这么张罗着过去了。连现带赊,大大小小,居然也有十来注交易。林先生早已汗透棉袍。虽然是累得那么着,林先生心里却很愉快。他冷眼偷看斜对门的裕昌祥,似乎赶不上自己铺子的"热闹"。常在那对蝴蝶门旁边看望的林小姐脸上也有些笑意,林大娘也少打几个呃了。

快到上灯时候,林先生核算这一天的"流水账";上午等于零,下午卖了十六元八角五分,八块钱是赊账。林先生微微一笑,但立即皱紧了眉头了;他今天的"大放盘"确是照本出卖,开销都没着落,官利更说不上。他呆了一会儿,又开了账箱,取出几本账簿来翻着打了半天算盘；账上"人欠"的数目共有一千三百余元，本镇六百多，四乡七百多；可是"欠人"的客账，单是上海的东升字号就有八百，合计不下二千哪！林先生低声叹一口气，觉得明天以后如果生意依然没见好，那他这年关就有点儿难过了。他望着玻璃窗上"大放盘照码九折"的红绿纸条，心里这么想："照今天那样当真放盘，生意总该会见好；亏本么？没有生意也是照样的要开销。只好先拉些主顾来再慢慢儿想法提高货码……要是四乡还有批发生意来，那就更好！——"

突然有一个人来打断林先生的甜蜜梦想了。这是五十多岁的一位老婆子，巍颤颤地走进店来，手里拿着一个小小的蓝布包。林先生猛抬起头来，正和那老婆子打一个照面，想躲避也躲避不及，只好走上前去招呼她道：

"朱三太，出来买过年东西么？请到里面去坐坐。——阿秀，来扶朱三太。"

林小姐早已不在那对蝴蝶门边了，没有听到。那朱三太连连摇手，就在铺面里的一张椅子上坐了，郑重地打开她的蓝布手巾包——包里仅有一扣折子，她抖抖簌簌地双手捧了，直送到林先生的鼻子前，她的瘪嘴唇扭了几扭，正想说话，林先生早已一手接过那折子，同时抢先说道：

"我晓得了。明天送到你府上罢。"

"哦，哦；十月，十一月，十二月，一总是三个月，三三得九，是九块罢？——明天你送来？哦，哦，不要送，让我带了去。嗯！"

朱三太扭着她的瘪嘴唇，很艰难似的说。她有三百元的"老本"存在林先生的铺里，按月来取三块钱的利息，可是最近林先生却拖欠了三个月，原说是到了年底总付，明天是送灶日，老婆子要买送灶的东西，所以亲自上林先生的铺子来了。看她那股扭起了一对瘪嘴唇的劲儿,光景是钱不到手就一定不肯走。

林先生抓着头皮不作声。这九块钱的利息,他何尝存心白赖,只是三个月来生意清淡,每天卖得的钱仅够开伙食,付捐税,不知不觉地拖欠下来了。然而今天要是不付,这老婆子也许会就在铺面上嚷闹,那就太丢脸,对于营业的前途很有影响。

"好,好,带了去罢,带了去罢!"

林先生终于斗气似的说,声音有点儿哽咽。他跑到账台里,把上下午卖得的现钱归并起来,又从腰包里掏出一个双毫,这才凑成了八块大洋,十角小洋,四十个铜子,交付了朱三太。当他看见那老婆子把这些银洋铜子郑重地数了又数,而且抖抖簌簌地放在那蓝布手巾上包了起来的时候,他忍不住叹一口气,异想天开地打算拉回几文来;他勉强笑着说:

"三阿太,你这蓝布手巾太旧了,买一块老牌麻纱白手帕去罢?我们有上好的洗脸手巾,肥皂,买一点儿去新年里用罢。价钱公道!"

"不要,不要;老太婆了,用不到。"

朱三太连连摆手说,把折子藏在衣袋里,捧着她的蓝布手巾包竟自去了。

林先生哭丧着脸,走回"内宅"去。因这朱三太的上门讨利息,他记起还有两注存款,桥头陈老七的二百元和张寡妇的一百五十元,总共十来块钱的利息,都是"不便"拖欠的,总得先期送去。他抡着指头算日子:二十四,二十五,二十六——到二十六,放在四乡的账头该可以收齐了,店里的寿生是前天出去收账的,极迟是二十六应该回来了;本镇的账头总得到二十八九方才有个数目。然而上海号家的收账客人说不定明后天就会到,只有再向恒源钱庄去借了。但是明天的门市怎样?……

他这么低着头一边走,一边想,猛听得女儿的声音在他耳边说:

"爸爸,你看这块大绸好么?七尺,四块二角,不贵罢?"

林先生心里蓦地一跳,站住了睁大着眼睛,说不出话。林小姐手里托着那块绸,却在那里憨笑。四块二角!数目可真不算大,然而今天店里总共只卖得十六块多,并且是老实照本贱卖的呀!林先生怔了一会儿,这才没精打采地问道:

"你哪来的钱呢?"

"挂在账上。"

林先生听得又是欠账,忍不住皱一下眉头。但女儿是自己宠惯了的,林大娘又抵死偏护着,林先生没奈何只有苦笑。过一会儿,他叹一口气,轻轻埋怨道:

"那么性急!过了年再买岂不是好!"

三

又过了两天,"大放盘"的林先生的铺子,生意果然很好,每天可以做三十多元的生意了。林大娘的打呃,大大减少,平均是五分钟来一次;林小姐在铺面和"内宅"之间跳进跳出,脸上红喷喷的时常在笑,有时竟在铺面帮忙招呼生意,直到林大娘再三唤她,方才跑进去,一边擦着额上的汗珠,一边兴冲冲地急口说:

"妈呀,又叫我进来干么!我不觉得辛苦呀!妈!爸爸累得满身是汗,嗓子也喊哑了!——刚才一个客人买了五块钱东西呢!妈!不要怕我辛苦,不要怕!爸爸叫我歇一会儿就出去呢!"

林大娘只是点头,打一个呃,就念一声"大慈大悲菩萨"。客厅里本就供奉着一尊瓷观音,点着一炷香,林大娘就摇摇摆摆走过去磕头,谢菩萨的保佑,还要祷告菩萨一发慈悲,保佑林先生的生意永远那么好,保佑林小姐易长易大,明年就得个好女婿。

但是在铺面张罗的林先生虽然打起精神做生意,脸上笑容不断,心里却像有几根线牵着。每逢卖得了一块钱,看见顾客欣然挟着纸包而去,林先生就忍不住心里一颤,在他心里的算盘上就加添了五分洋钱的血本的亏折。他几次想把这个"大放盘"时每块钱的实足亏折算成三分,可是无论如何,算来算去总得五分,生意虽然好,他却越卖越心疼了。在柜台上招呼主顾的时候,他这种矛盾的心理有时竟至几乎使他发晕。偶尔他偷眼望望斜对门的裕昌祥,就觉得那边闲立在柜台边的店员和掌柜,嘴角上都带着讥讽的讪笑,似乎都在说:"看这姓林的傻子呀,当真亏本放盘哪!看着罢,他的生意越好,就越亏本,倒闭得越快!"那时候,林先生便咬一下嘴唇,决定明天无论如何要把货码提高,要把次等货标上头等货的价格。

当给林先生斡旋那"封存东洋货"问题的商会长走过林家铺子的时候,也微微笑着,站住了对林先生贺喜,并且拍着林先生的肩膀,轻声说:

"如何?四百块钱是花得不冤枉罢!——可是,卜局长那边,你也得稍稍点缀,防他看得眼红,也要来敲诈。生意好,妒忌的人就多;就是卜局长不生心,他们也要去挑拨呀!"

林先生谢商会长的关切,心里老大吃惊,几乎连做生意都没有精神。

然而最使他心神不宁的,是店里的寿生出去收账到现在还没有回来,林先生是等着寿生收的钱来开销"客账"。上海东升字号的收账客人前天早已到镇,直催逼得林先生再没有话语支吾了。

如果寿生再不来,林先生只有向恒源钱庄借款的一法,这一来,林先生又将多负担五六十元的利息,这在见天亏本的林先生委实比割肉还心疼。

到四点钟光景,林先生忽然听得街上走过的人们乱哄哄地在议论着什么,人们的脸色都很惶急,似乎发生了什么大事情了。一心惦念着出去收账的寿生是否平安的林先生就以为一定是快班船遭了强盗抢,他的心扑扑地乱跳。他唤住了一个路人焦急地问道:

"什么事?是不是栗市快班遭了强盗抢?"

"哦!又是强盗抢么?路上真不太平!抢,还是小事,还要绑人去哪!"

那人,有名的闲汉陆和尚,含糊地回答,同时睒着半只眼睛看林先生铺子里花花绿绿的货物。林先生不得要领,心里更急,丢开陆和尚,就去问第二个走近来的人,桥头的王三毛。

"听说栗市班遭抢,当真么?"

"那一定是太保阿书手下人干的,太保阿书是枪毙了,他的手下人多么厉害!"

王三毛一边回答,一边只顾走。可是林先生却急坏了,冷汗从额角上钻出来。他早就估量到寿生一定是今天回来,而且是从栗市——收账程序中预定的最后一处,坐快班船回来;此刻已是四点钟,不见他来,王三毛又是那样说,那还有什么疑义么?林先生竟忘记了这所谓"栗市班遭强盗抢"乃是自己的发明了!他满脸急汗,直往"内宅"跑;在那对蝴蝶门边忘记跨门槛,几乎绊了一跤。

"爸爸!上海打仗了!东洋兵放炸弹烧闸北——"

林小姐大叫着跑到林先生跟前。

林先生怔了一下。什么上海打仗,原就和他不相干,但中间既然牵连着"东洋兵",又好像不能不追问一声。他看着女儿的很兴奋的脸孔问道:

"东洋兵放炸弹么?你从哪里听来的?"

"街上走过的人全是那么说。东洋兵放大炮,掷炸弹。闸北烧光了!"

"哦,那么,有人说栗市快班强盗抢么?"

林小姐摇头,就像扑火的灯蛾似的扑向外面去了。林先生迟疑了一会儿,站在那蝴蝶门边抓头皮。林大娘在里面打呃,又是喃喃地祷告:"菩萨保佑,炸弹不要落到我们头上来!"林先生转身再到铺子里,却见女儿和两个店员正在谈得很热闹。对门生泰杂货店里的老板金老虎也站在柜台外边指手画脚地讲谈。上海打仗,东洋飞机掷炸弹烧了闸北,上海已经罢市,全都证实了。强盗抢快班船么?没有听人说起过呀!栗市快班么?早已到了,一路平安。金老虎看见那快班船上的伙计刚刚背着两个蒲包走过的。林先生心里松一口气,知道寿生今天又没回来,但也知道好好儿的没有逢到强盗抢。

现在是满街都在议论上海的战事了。小伙计们夹在闹里骂"东洋乌龟!"竟也有人当街大呼:"再买东洋货就是忘八!"林小姐听着,脸上就飞红了一大片。林先生却还不动声色。大家都卖东洋货,并且大家花了几百块钱以后,都已经奉着特许:"只要把东洋商标撕去了就行。"他现在满店的货物都已经称为"国货",买主们也都是"国货,国货"地说着,就拿走了。在此满街人人为了上海的战事而没有心思想到生意的时候,林先生始终在筹虑他的正事。他还是不肯花重利去借庄款,他去和上海号家的收账客人情商,请他再多等这么一天两天。他的寿生极迟明天傍晚总该会到。

"林老板，你也是明白人，怎么说出这种话来呀！现在上海开了火，说不定明后天火车就不通，我是巴不得今晚上就动身呢！怎么再等一两天？请你今天把账款缴清，明天一早我好走。我也是吃人家的饭，请你照顾照顾罢！"

上海客人毫无通融地拒绝了林先生的情商。林先生看来是无可商量了，只好忍痛去到恒源钱庄去商借。他还恐怕那"钱猢狲"知道他是急用，要趁火打劫，高抬利息。谁知钱庄经理的口气却完全不对了。那痨病鬼经理听完了林先生的申请，并没作答，只管捧着他那老古董的水烟筒卜落落卜落落地呼，直到烧完一根纸吹，这才慢吞吞地说：

"不行了！东洋兵开仗，上海罢市，银行钱庄都封关，知道他们几时弄得好！上海这路一断，敝庄就成了没脚蟹，汇划不通，比尊处再好的户头也只好不做了。对不起，实在爱莫能助！"

林先生呆了一呆，还总以为这痨病鬼经理故意刁难，无非是为提高利息作地步，正想结结实实说几句恳求的话，却不料那经理又逼进一步道：

"刚才敝东吩咐过，他得的信，这次的乱子恐怕要闹大，叫我们收紧盘子！尊处原欠五百，二十二那天，又是一百，总共是六百，年关前总得扫数归清；我们也算是老主顾，今天先透一个信，免得临时多费口舌，大家面子上难为情。"

"哦——可是小店里也实在为难。要看账头收得怎样。"

林先生呆了半晌，这才呐出这两句话。

"嘿！何必客气！宝号里这几天来的生意比众不同，区区六百块钱，还为难么？今天是同老兄说明白了，总望扫数归清，我在敝东跟前好交代。"

痨病鬼经理冷冷地说,站起来了。林先生冷了半截身子,瞧情形是万难挽回,只好硬着头皮走出了那家钱庄。他此时这才明白原来远在上海的打仗也要影响到他的小铺子了。今年的年关当真是难过:上海的收账客人立逼着要钱,恒源里不许宕过年,寿生还没回来,知道他怎样了,镇上的账头,去年只收起八成,今年瞧来连八成都捏不稳——横在他前面的路,只是一条:"暂停营业,清理账目"!而这条路也就等于破产,他这铺子里早已没有自己的资本,一旦清理,剩给他的,光景只有一家三口三个光身子!

林先生愈想愈厌,走过那座望仙桥时,他看着桥下的浑水,几乎想纵身一跳完事。可是有一个人在背后唤他道:

"林先生,上海打仗了,是真的罢?听说东栅外刚刚调来了一支兵,到商会里要借饷,开口就是二万,商会里正在开会呢!"

林先生急回过脸去看,原来正是那位存有两百块钱在他铺子里的陈老七,也是林先生的一位债主。

"哦——"

林先生打一个冷噤,只回答了这一声,就赶快下桥,一口气跑回家去。

四

这晚上的夜饭,林大娘在家常的一荤二素以外,特又添了一个碟子,是到八仙楼买来的红焖肉,林先生心爱的东西。另外又有一斤黄酒。林小姐笑不离口,为的铺子里生意好,为的大绸新旗袍已经做成,也为的上海竟然开火,打东洋人。林大娘打呃的次数更加少了,差不多十分钟只来一回。

只有林先生心里发闷到要死。他喝着闷酒,看看女儿,又看看老婆,几次想把那炸弹似的噩消息宣布,然而终于没有那样的勇气。并且他还不曾绝望,还想挣扎,至少是还想掩饰他的两下里碰不到头。所以当商会里议决了答应借饷五千并且要林先生摊认二十元的时候,他毫不推托,就答应下来了。他决定非到最后五分钟不让老婆和女儿知道那家道困难的真实情形。他的划算是这样的:人家欠他的账收一个八成罢,他还人家的账也是个八成,——反正可以借口上海打仗,钱庄不通;为难的是人欠我欠之间尚差六百光景,那只有用剜肉补疮的方法拼命放盘卖贱货,且捞几个钱来渡过了眼前再说。这年头儿,谁能够顾到将来呢?眼前得过且过。

是这么想定了方法,又加上那一斤黄酒的力量,林先生倒酣睡了一夜,噩梦也没有半个。

第二天早上,林先生醒来时已经是六点半钟,天色很阴沉。林先生觉得有点儿头晕。他匆匆忙忙吞进两碗稀饭,就到铺子里,一眼就看见那位上海客人板起了脸孔在那里坐守"回话"。而尤其叫林先生猛吃一惊的,是斜对门的裕昌祥也贴起红红绿绿的纸条,也在那里"大放盘照码九折"了!林先生昨夜想好的"如意算盘"立刻被斜对门那些红绿纸条冲一个摇摇不定。

"林老板,你真是开玩笑!昨晚上不给我回音。轮船是八点钟开,我还得转乘火车,八点钟这班船我是非走不行!请你快点——"

上海客人不耐烦地说,把一个拳头在桌子上一放。林先生只有赔不是,请他原谅,实在是因为上海打仗钱庄不通,彼此是多年的老主顾,务请格外看承。

"那么叫我空手回去么?"

"这,这,断乎不会。我们的寿生一回来,有多少付多少,我要是藏落半个钱,不是人!"

林先生颤着声音说,努力忍住了滚到眼眶边的眼泪。

话是说到尽头了,上海客人只好不再噜嗦,可是他坐在那里不肯走。林先生急得什么似的,心是扑扑地乱跳。近年他虽然万分拮据,面子上可还遮得过;现在摆一个人在铺子里坐守,这件事要是传扬开去,他的信用可就完了,他的债户还多着呢,万一群起效尤,他这铺子只好立刻关门。他在没有办法中想办法,几次请这位讨账客人到内宅去坐,然而讨账客人不肯。

天又索索地下起冻雨来了。一条街上冷清清地简直没有人行。自有这条街以来,从没见过这样萧索的腊尾岁尽。朔风吹着那些招牌,嚓嚓地响。渐渐地冻雨又有变成雪花的模样。沿街店铺里的伙计们靠在柜台上仰起了脸发怔。

林先生和那位收账客人有一句没一句地闲谈着。林小姐忽然走出蝴蝶门来站在街边看那索索的冻雨。从蝴蝶门后送来的林大娘的呃呃的声音又渐渐儿加勤。林先生嘴里应酬着,一边看看女儿,又听听老婆的打呃,心里一阵一阵酸上来,想起他的一生简直毫没幸福,然而又不知道坑害他到这地步的,究竟是谁。那位上海客人似乎气平了一些了,忽然很恳切地说:

"林老板,你是个好人。一点儿嗜好都没有,做生意很巴结认真。放在二十年前,你怕不发财么?可是现今时势不同,捐税重,开销大,生意又清,混得过也还是你的本事。"

林先生叹一口气苦笑着,算是谦逊。

上海客人顿了一顿,又接着说下去:

"贵镇上的市面今年又比上年差些,是不是?内地全靠乡庄生意,乡下人太穷,真是没有法子,——呀,九点钟了!怎么你们的收账伙计还没来呢？这个人靠得住么？"

林先生心里一跳，暂时回答不出来。虽然是七八年的老伙计，一向没有出过岔子，但谁能保到底呢！而况又是过期不见回来。上海客人看着林先生那迟疑的神气，就笑；那笑声有几分异样。忽然那边林小姐转脸对林先生急促地叫道：

"爸爸，寿生回来了！一身泥！"

显然林小姐的叫声也是异样的，林先生跳起来，又惊又喜，着急的想跑到柜台前去看，可是心慌了，两腿发软。这时寿生已经跑了进来，当真是一身泥，气喘喘地坐下了，说不出话来。林先生估量那情形不对，吓得没有主意，也不开口。上海客人在旁边皱眉头。过了一会儿，寿生方才喘着气说：

"好险呀！差一些儿被他们抓住了。"

"到底是强盗抢了快班船么？"

林先生惊极，心一横，倒逼出话来了。

"不是强盗。是兵队拉夫呀！昨天下午赶不上趁快班。今天一早趁航船，哪里知道航船听得这里要捉船，就停在东栅外了。我上岸走不到半里路，就碰到拉夫。西面宝祥衣庄的阿毛被他们拉去了。我跑得快，抄小路逃了回来。他妈的，性命交关！"

寿生一面说，一面撩起衣服，从肚兜里掏出一个手巾包来递给了林先生，又说道：

"都在这里了。栗市的那家黄茂记很可恶，这种户头，我们明年要留心！——我去洗一个脸，换件衣服再来。"

林先生接了那手巾包，捏一把，脸上有些笑容了。他到账台里打开那手巾包来。先看一看那张"清单"，打了一会儿算盘，然后点检银钱数目：是大洋十一元，小洋二百角，钞票四百二十元，外加即期庄票两张，一张是规元五十两，又一张是规元六十五两。

这全部付给上海客人,照账算也还差一百多元。林先生凝神想了半晌,斜眼偷看了坐在那里吸烟的上海客人几次,方才叹一口气,割肉似的拿起那两张庄票和四百元钞票捧到上海客人跟前,又说了许多话,方才得到上海客人点一下头,说一声"对啦"。

但是上海客人把庄票看了两遍,忽又笑着说道:

"对不起,林老板,这庄票,费神兑了钞票给我罢!"

"可以,可以。"

林先生连忙回答,慌忙在庄票后面盖了本店的书柬图章,派一个伙计到恒源庄去取现,并且叮嘱了要钞票。又过了半晌,伙计却是空手回来。恒源庄把票子收了,但不肯付钱;据说是扣抵了林先生的欠款。天是在当真下雪了,林先生也没张伞,冒雪到恒源庄去亲自交涉,结果是徒然。

"林老板,怎样了呢?"

看见林先生苦着脸跑回来,那上海客人不耐烦地问了。

林先生几乎想哭出来,没有话回答,只是叹气,除了央求那上海客人再通融,还有什么别的办法?寿生也来了,帮着林先生说。他们赌咒:下欠的二百多元,赶明年初十边一定汇到上海。是老主顾了,向来三节清账,从没半句话,今儿实在是意外之变,大局如此,没有办法,非是他们刁赖。

然而不添一些,到底是不行的。林先生忍痛又把这几天内卖得的现款凑成了五十元,算是总共付了四百五十元,这才把那位叫人头痛的上海收账客人送走了。

此时已有十一点了,天还是飘飘扬扬落着雪。买客没有半个。林先生纳闷了一会儿,和寿生商量本街的账头怎样去收讨。两个人的眉头都皱紧了,都觉得本镇的六百多元账头收起来真没有把握。寿生挨着林先生的耳朵悄悄地说道:

"听说南栅的聚隆,西栅的和源,都不稳呢!这两处欠我们的,就有三百光景,这两笔倒账要预先防着,吃下了,可不是玩的!"

林先生脸色变了,嘴唇有点儿抖。不料寿生把声音再放低些,支支吾吾地说出了更骇人的消息来:

"还有,还有讨厌的谣言,是说我们这里了。恒源庄上一定听得了这些风声,这才对我们逼得那么急,说不定上海的收账客人也有点晓得——只是,谁和我们作对呢?难道就是斜对门么?"

寿生说着,就把嘴向裕昌祥那边努了一努。林先生的眼光跟着寿生的嘴也向那边瞥了一下,心里直是乱跳,哭丧着脸,好半天说不出话来。他的又麻又痛的心里感到这一次他准是毁了!——不毁才是作怪:党老爷敲诈他,钱庄压逼他,同业又中伤他,而又要吃倒账,凭谁也受不了这样重重的磨折罢?而究竟为了什么他应该活受罪呀!他,从父亲手里继承下这小小的铺子,从没敢浪费;他,做生意多么巴结;他,没有害过人,没有起过歹心;就是他的祖上,也没害过人、做过歹事呀!然而他直如此命苦!

"不过,师傅,随他们去造谣罢,你不要发急。荒年传乱话,听说是镇上的店铺十家有九家没法过年关。时势不好,市面清得不成话。素来硬朗的铺子今年都打饥荒,也不是我们一家困难!天塌压大家,商会里总得议个办法出来;总不能大家一齐拖倒,弄得市面更加不像市面。"

看见林先生急苦了,寿生姑且安慰着,忍不住也叹了一口气。

雪是愈下愈密了,街上已经见白。偶尔有一条狗垂着尾巴走过,抖一抖身体,摇落了厚积在毛上的那些雪,就又悄悄地夹着尾巴走了。自从有这条街以来,从没见过这样冷落凄凉的年关!而此时,远在上海,日本军的重炮正在发狂地轰毁那边繁盛的市廛。

五

凄凉的年关,终于也过去了。镇上的大小铺子倒闭了二十八家。内中有一家"信用素著"的绸庄。欠了林先生三百元货账的聚隆与和源也毕竟倒了。大年夜的白天,寿生到那两个铺子里磨了半天,也只拿了二十多块来;这以后,就听说没有一个收账员拿到半文钱,两家铺子的老板都躲得不见面了。林先生自己呢,多亏商会长一力斡旋,还无须往乡下躲,然而欠下恒源钱庄的四百多元非要正月十五以前还清不可;并且又订了苛刻的条件:从正月初五开市那天起,恒源就要派人到林先生铺子里"守提",卖得的钱,八成归恒源扣账。

新年那四天,林先生家里就像一个冰窖。林先生常常叹气,林大娘的打呃像连珠炮。林小姐虽然不打呃,也不叹气,但是呆呆地好像害了多年的黄病。她那件大绸新旗袍,为的要付吴妈的工钱,已经上了当铺;小学徒从清早七点钟就去那家唯一的当铺门前守候,直到九点钟方才从人堆里拿了两块钱挤出来。以后,当铺就止当了。两块钱!这已是最高价。随你值多少钱的贵重衣饰,也只能当得两块呢!叫作"两块钱封门"。乡下人忍着冷剥下身上的棉袄递上柜台去,那当铺里的伙计拿起来抖了一抖,就直丢出去,怒声喊道:"不当!"

元旦起,是大好的晴天。关帝庙前那空场上,照例来了跑江湖赶新年生意的摊贩和变把戏的杂耍。人们在那些摊子面前懒懒地拖着腿走,两手扪着空的腰包,就又懒懒地走开了。孩子们拉住了娘的衣角，赖在花炮摊前不肯走，娘就给他一个老大的耳光。那些特来赶新年的摊贩们连伙食都开销不了，白赖在"安商客寓"里，天天和客寓主人吵闹。

只有那班变把戏的出了八块钱的大生意，党老爷们唤他们去点缀了一番"升平气象"。

初四那天晚上，林先生勉强筹措了三块钱，办一席酒请铺子里的"相好"吃照例的"五路酒"，商量明天开市的办法。林先生早就筹思过熟透：这铺子开下去呢，眼见得是亏本的生意，不开呢，他一家三口简直没有生计，而且到底人家欠他的货账还有四五百，他一关门更难讨取；唯一的办法是减省开支，但捐税派饷是逃不了的，"敲诈"尤其无法躲避，裁去一两个店员罢，本来他只有三个伙计，寿生是左右手，其余的两位也是怪可怜见的，况且辞歇了到底也不够招呼生意；家里呢，也无可再省，吴妈早已辞歇。他觉得只有硬着头皮做下去，或者靠菩萨的保佑，乡下人春蚕熟，他的亏空还可以补救。

但要开市，最大的困难是缺乏货品。没有现钱寄到上海去，就拿不到货。上海打得更厉害了，赊账是休转这念头。卖底货罢，他店里早已淘空，架子上那些装卫生衣的纸盒就是空的，不过摆在那里装幌子。他铺子里就剩了些日用杂货，脸盆毛巾之类，存底还厚。

大家喝了一会儿闷酒，抓腮挖耳地想不出好主意。后来谈起闲天来，一个伙计忽然说：

"乱世年头，人比不上狗！听说上海闸北烧得精光，几十万人都只逃得一个光身子。虹口一带呢，烧是还没烧，人都逃光了，东洋人凶得很，不许搬东西。上海房钱涨起几倍。逃出来的人都到乡下来了，昨天镇上就到了一批，看样子都是好好的人家，现在却弄得无家可归!"

　　林先生摇头叹气。寿生听了这话,猛的想起了一个好办法;他放下了筷子,拿起酒杯来一口喝干了,笑嘻嘻对林先生说道:

　　"师傅,听得阿四的话么? 我们那些脸盆,毛巾,肥皂,袜子,牙粉,牙刷,就可以如数销清了。"

　　林先生瞪出了眼睛,不懂得寿生的意思。

　　"师傅,这是天大的机会。上海逃来的人,总还有几个钱,他们总要买些日用的东西,是不是? 这笔生意,我们赶快张罗。"

　　寿生接着又说。再筛出一杯酒来喝了,满脸是喜气。两个伙计也省悟过来了,哈哈大笑。只有林先生还不很了然。近来的逆境已经把他变成糊涂。他惘然问道:

　　"你拿得稳么? 脸盆,毛巾,别家也有,——"

　　"师傅,你忘记了! 脸盆毛巾一类的东西只有我们存底独多! 裕昌祥里拿不出十只脸盆,而且都是拣剩货。这笔生意,逃不出我们的手掌心的了! 我们赶快多写几张广告到四栅去分贴,逃难人住的地方——暧,阿四,他们住在什么地方? 我们也要去贴广告。"

　　"他们有亲戚的住到亲戚家里去了,没有的,还借住在西栅外茧厂的空房子。"

　　叫作阿四的伙计回答,脸上发亮,很得意自己的无意中立了大功。林先生这时也完全明白了。心里一快乐,就又灵活起来,他马上拟好了广告的底稿,专拣店里有的日用品开列上去,约莫也有十几种。他又摹仿上海大商店卖"一元货"的方法,把脸盆,毛巾,牙刷,牙粉配成一套卖一块钱,广告上就大书"大廉价一元货"。店里本来还有余剩下的红绿纸,寿生大张的裁好了,拿笔就写。两个伙计和学徒就乱哄哄地拿过脸盆,毛巾,牙刷,牙粉来装配成一组。人手不够，林先生叫女儿出来帮着写，帮着扎配，另外又配出几种"一元货"，全是零星的日用必需品。

这一晚上，林家铺子里直忙到五更左右，方才大致就绪，第二天清早，开门鞭炮响过，排门开了，林家铺子布置得又是一新。漏夜赶起来的广告早已漏夜分头贴出去。西栅外茧厂一带是寿生亲自去布置，哄动那些借住在茧厂里的逃难人，都起来看，当作一件新闻。

"内宅"里，林大娘也起了个五更，瓷观音面前点了香，林大娘爬着磕了半天响头。她什么都祷告全了，就只差没有祷告菩萨要上海的战事再扩大再延长，好多来些逃难人。

一切都很顺利，一切都不出寿生的预料。新正开市第一天就只林家铺子生意很好，到下午四点多钟，居然卖了一百多元，是这镇上近十年来未有的新纪录。销售的大宗，果然是"一元货"，然而洋伞橡皮雨鞋之类却也带起了销路，并且那生意也做的干脆有味。虽然是"逃难人"，却毕竟住在上海，见过大场面，他们不像乡下人或本镇人那么小格式，他们买东西很爽利，拿起货来看了一眼，现钱交易，从不拣来拣去，也不硬要除零头。

林大娘看见女儿兴冲冲地跑进来夸说一回，就爬到瓷观音面前磕了一回头。她心里还转了这样的念头：要不是岁数相差得多，把寿生招做女婿倒也是好的！说不定在寿生那边也时常用半只眼睛看望着这位厮熟的十七岁的"师妹"。

只有一点，使林先生扫兴；恒源庄毫不顾面子地派人来提取了当天营业总数的八成。并且存户朱三阿太，桥头陈老七，还有张寡妇，不知听了谁的怂恿，都借了"要量米吃"的借口，都来预支息金；不但支息金，还想拔提一点儿存款呢！但也有一个喜讯，听说又到了一批逃难人。

晚餐时，林先生添了两碟荤菜，酬劳他的店员。大家称赞寿生能干。林先生虽然高兴，却不能不惦念着朱三阿太等三位存户是要提存款的事情。大新年碰到这种事，总是不吉利。寿生愤然说：

"那三个懂得什么呢！还不是有人从中挑拨！"

说着，寿生的嘴又向斜对门努了一努。林先生点头。可是这三位不懂什么的，倒也难以对付；一个是老头子，两个是孤苦的女人，软说不肯，硬来又不成。林先生想了半天觉得只有去找商会长，请他去和那三位宝贝讲开。他和寿生说了，寿生也竭力赞成。

于是晚饭后算过了当天的"流水账"，林先生就去拜访商会长。

林先生说明了来意后，那商会长一口就应承了，还夸奖林先生做生意的手段高明，他那铺子一定能够站住，而且上进。摸着自己的下巴，商会长又笑了一笑，伛过身体来说道：

"有一件事，早就想对你说，只是没有机会。镇上的卜局长不知在哪里见过令爱来，极为中意；卜局长年将四十，还没有儿子，屋子里虽则放着两个人，都没生育过；要是令爱过去，生下一男半女，就是现成的局长太太。呵，那时，就连我也沾点儿光呢！"

林先生做梦也想不到会有这样的难题，当下怔住了作不得声。商会长却又郑重地接着说：

"我们是老朋友，什么话都可以讲个明白。论到这种事呢，照老派说，好像面子上不好听；然而也不尽然。现在通行这一套，令爱过去也算是正的。——况且，卜局长既然有了这个心，不答应他有许多不便之处；答应了，将来倒有巴望。我是替你打算，才说这个话。"

"咳，你怕不是好意劝我仔细！可是，我是小户人家，小女又不懂规矩,高攀卜局长,实在不敢!"

林先生硬着头皮说,心里扑扑乱跳。

"哈,哈,不是你高攀,是他中意。——就这么罢,你回去和尊夫人商量商量,我这里且搁着,看见卜局长时,就说还没机会提过,行不行呢?可是你得早点给我回音!"

"嗯——"

筹思了半晌,林先生勉强应着,脸色像是死人。

回到家里,林先生支开了女儿,就一五一十对林大娘说了。他还没说完,林大娘的呃就大发作,光景邻居都听得清。她勉强抑住了那些涌上来的呃,喘着气说道:

"怎么能够答应,呃,就不是小老婆,呃,呃——我也舍不得阿秀到人家去做媳妇。"

"我也是这个意思,不过——"

"呃,我们规规矩矩做生意,呃,难道我们不肯,他好抢了去不成?呃——"

"不过他一定要来找讹头生事!这种人比强盗还狠心!"

林先生低声说,几乎落下眼泪来。

"我拼了这条老命。呃!救苦救难观世音呀!"

林大娘颤着声音站了起来,摇摇摆摆想走。林先生赶快拦住,没口地叫道:

"往哪里去?往哪里去?"

同时林小姐也从房外来了,显然已经听见了一些,脸色灰白,眼睛死瞪瞪地。林大娘看见女儿,就一把抱住了,一边哭,一边打呃,一边喃喃地挣扎着喘着气说:

"呃,阿囡,呃,谁来抢你去,呃,我同他拼老命!呃,生你那年我得了这个——病,呃,好容易养到十七岁,呃,呃,死也死在一块儿！呃,早给了寿生多么好呢！呃！强盗！不怕天打的！"

林小姐也哭了,叫着"妈！"林先生搓着手叹气。看看哭得不像样,窄房浅屋的要惊动邻舍,大新年也不吉利,他只好忍着一肚子气来劝母女两个。

这一夜,林家三口儿都没有好生睡觉。明天一早林先生还得起来做生意,在一夜的转侧愁思中,他偶尔听得屋面上一声响,心就扑扑地跳,以为是卜局长来寻他生事来了;然而定了神仔细想起来,自家是规规矩矩的生意人,又没犯法,只要生意好,不欠人家的钱,难道好无端生事,白诈他不成？而他的生意呢,眼前分明有一线生机。生了个女儿长的还端正,却又要招祸！早些定了亲,也许不会出这岔子？——商会长是不是肯真心帮忙呢,只有恳求他设法——可是林大娘又在打呃了,咳,她这病！

天刚发白,林先生就起身,眼圈儿有点儿红肿,头里发昏。可是他不能不打起精神招呼生意。铺面上靠寿生一个到底不行,这小伙子近几天来也就累得够了。

林先生坐在账台里,心总不定。生意虽然好,他却时时浑身的肉发抖。看见面生的大汉子上来买东西,他就疑惑是卜局长派来的人,来侦察他,来寻事;他的心直跳得发痛。

却也作怪,这天生意之好,出人意料。到正午,已经卖了五六十元,买客们中间也有本镇人。那简直不像买东西,简直像是抢东西,只有倒闭了铺子拍卖底货的时候才有这种光景。林先生一边有点儿高兴,一边却也看着心惊,他估量"这样的好生意气色不正"。果然在午饭的时候,寿生就悄悄告诉道:

"外边又有谣言,说是你拆烂污卖一批贱货,捞到几个钱,就打算逃走！"

林先生又气又怕,开不得口。突然来了两个穿制服的人,直闯进来问道：

"谁是林老板？"

林先生慌忙站了起来，还没回答，两个穿制服的拉住他就走。寿生追上去，想要拦阻，又想要探询，那两个人厉声吆喝道：

"你是谁？滚开！党部里要他问话！"

六

那天下午，林先生就没有回来。店里生意忙，寿生又不能抽空身子尽自去探听。里边林大娘本来还被瞒着，不防小学徒漏了嘴，林大娘那一急几乎一口气死去。她又死不放林小姐出那对蝴蝶门儿，说是：

"你的爸爸已经被他们捉去了，回头就要来抢你！呃——"

她只叫寿生进来问底细，寿生瞧着情形不便直说，只含糊安慰了几句道：

"师母，不要着急，没有事的！师傅到党部里去理直那些存款呢。我们的生意好，怕什么的！"

背转了林大娘的面，寿生悄悄告诉林小姐，"到底为什么，还没得个准信儿，"他叮嘱林小姐且安心伴着"师母"，外边事有他呢。林小姐一点儿主意也没有，寿生说一句，她就点一下头。

这样又要招顾外面的生意，又要挖空心思找出话来对付林大娘不时的追询，寿生更没有工夫去探听林先生的下落。直到上灯时分，这才由商会长给他一个信：林先生是被党部扣住了，为的外边谣言林先生打算卷款逃走，然而林先生除有庄款和客账未清外，还有朱三阿太，桥头陈老七，张寡妇三位孤苦人儿的存款共计六百五十元没有保障,党部里是专替这些孤苦人儿谋利益的,所以把林先生扣起来,要他理直这些存款。

寿生吓得脸都黄了,呆了半晌,方才问道:

"先把人保出来,行么?人不出来,哪里去弄钱来呢?"

"嘿!保出人来!你空手去,让你保么?"

"会长先生,总求你想想法子,做好事。师傅和你老人家向来交情也不差,总求你做做好事!"

商会长皱着眉头沉吟了一会儿,又端相着寿生半晌,然后一把拉寿生到屋角里悄悄说道:

"你师傅的事,我岂有袖手旁观之理。只是这件事现在弄僵了!老实对你说,我求过卜局长出面讲情,卜局长只要你师傅答应一件事,他是肯帮忙的;我刚才到党部里会见你的师傅,劝他答应,他也答应了,那不是事情完了么?不料党部里那个黑麻子真可恶,他硬不肯——"

"难道他不给卜局长面子?"

"就是呀!黑麻子反而噜哩噜嗦说了许多,卜局长几乎下不得台。两个人闹翻了!这不是这件事弄得僵透?"

寿生叹了口气,没有主意;停一会儿,他又叹一口气说:

"可是师傅并没犯什么罪。"

"他们不同你讲理!谁有势,谁就有理!你去对林大娘说,放心,还没吃苦,不过要想出来,总得花点儿钱!"

商会长说着,伸两个指头一扬,就匆匆地走了。

寿生沉吟着,没有主意;两个伙计攒住他探问,他也不回答。商会长这番话,可以告诉"师母"么?又得花钱!"师母"有没有私蓄,他不知道;至于店里,他很明白,两天来卖得的现钱,被恒源提了八成去,剩下只有五十多块,济得什么事!商会长示意总得两百。知道还够不够呀!照这样下去,生意再好些也不中用。他觉得有点灰心了。

里边又在叫他了!他只好进去瞧光景再定主意。

林大娘扶住了女儿的肩头,气喘喘地问道:

"呃,刚才,呃——商会长来了,呃,说什么?"

"没有来呀!"

寿生撒一个谎。

"你不用瞒我,呃——我,呃,全知道了;呃,你的脸色吓得焦黄!阿秀看见的,呃!"

"师母放心,商会长说过不要紧。——卜局长肯帮忙——"

"什么?呃,呃——什么?卜局长肯帮忙?——呃,呃,大慈大悲的菩萨,呃,不要他帮忙!呃,呃,我知道,你的师傅,呃呃,没有命了!呃,我也不要活了!呃,只是这阿秀,呃,我放心不下!呃呃,你同了她去!呃,你们好好的做人家!呃呃,寿生,呃,你待阿秀好,我就放心了!呃,去呀!他们要来抢!呃——狠心的强盗!观世音菩萨怎么不显灵呀!"

寿生睁大了眼睛,不知道怎样回话。他以为"师母"疯了,但可又一点儿不像疯。他偷眼看他的"师妹",心里有点跳;林小姐满脸通红,低了头不作声。

"寿生哥,寿生哥,有人找你说话!"

小学徒一路跳着喊进来。寿生慌忙跑出去,总以为又是商会长什么的来了,哪里知道竟是斜对门裕昌祥的掌柜吴先生。"他来干什么?"寿生肚子里想,眼光盯住吴先生的脸上。

吴先生问过了林先生的消息,就满脸笑容,连说"不要紧"。寿生觉得那笑脸有点异样。

"我是来找你划一点儿货——"

吴先生收了笑容,忽然转了口气,从袖子里摸出一张纸来。是一张横单,写着十几行,正是林先生所卖"一元货"的全部。寿生一眼瞧见就明白了,原来是这个把戏呀!他立刻说:

"师傅不在,我不能做主。"

"你和你师母说,还不是一样!"

寿生踌躇着不能回答。他现在有点儿懂得林先生之所以被捕了。先是谣言林先生要想逃,其次是林先生被扣住了,而现在却是裕昌祥来挖货,这一连串的线索都明白了。寿生想来有点气,又有点怕,他很知道,要是答应了吴先生的要求,那么,林先生的生意,自己的一番心血,都完了。可是不答应呢,还有什么把戏来,他简直不敢想下去了。最后他姑且试一试说:

"那么,我去和师母说,可是,师母女人家专要做现钱交易。"

"现钱么?哈,寿生,你是说笑话罢?"

"师母是这种脾气,我也是没法。最好等明天再谈罢。刚才商会长说,卜局长肯帮忙讲情,光景师傅今晚上就可以回来了。"

寿生故意冷冷地说,就把那张横单塞还吴先生的手里。吴先生脸上的肉一跳,慌忙把横单又推回到寿生手里,一面没口应承道:

"好,好,现账就是现账。今晚上交货,就是现账。"

寿生皱着眉头再到里边,把裕昌祥来挖货的事情对林大娘说了,并且劝她:

"师母,刚才商会长来,确实说师傅好好的在那里,并没吃苦;不过总得花几个钱,才能出来。店里只有五十块。现在裕昌祥来挖货,照这单子上看,总也有一百五十块光景,还是挖给他们罢,早点救师傅出来要紧!"

林大娘听说又要花钱,眼泪直淌,那一阵呃,当真打得震天响,她只是摇手,说不出话,头靠在桌子上,把桌子捶得怪响。寿生瞧来不是路,悄悄地退出去,但在蝴蝶门边,林小姐追上来了。她的脸色像死人一样白,她的声音抖而且哑,她急口地说:

"妈是气糊涂了!总说爸爸已经被他们弄死了!你,你赶快答应裕昌祥,赶快救爸爸,寿生哥,你——"

林小姐说到这里,忽然脸一红,就飞快地跑进去了。寿生望着她的后影,呆立了半分钟光景,然后转身,下决心担负这挖货给裕昌祥的责任,至少"师妹"是和他一条心要这么办了。

夜饭已经摆在店铺里了,寿生也没有心思吃,立等着裕昌祥交过钱来,他拿一百在手里,另外身边藏了八十,就飞跑去找商会长。

半点钟后,寿生和林先生一同回来了。跑进"内宅"的时候,林大娘看见了倒吓一跳。认明是当真活的林先生时,林大娘急急爬在瓷观音前磕响头,比她打呃的声音还要响。林小姐光着眼睛站在旁边,像是要哭,又像是要笑。寿生从身旁掏出一个纸包来,放在桌子上说:

"这是多下来的八十块钱。"

林先生叹了一口气,过一会儿,方才有声没气地说道:

"让我死在那边就是了,又花钱弄出来!没有钱,大家还是死路一条!"

林大娘突然从地下跳起来,着急地想说话,可是一连串的呃把她的话塞住了。林小姐忍住了声音,抽抽咽咽地哭。林先生却还不哭,又叹一口气,哽咽着说:

"货是挖空了!店开不成,债又逼得紧——"

"师傅!"

寿生叫了一声,用手指蘸着茶,在桌子上写了一个"走"字给林先生看。

林先生摇头,眼泪扑簌簌地直淌;他看看林大娘,又看看林小姐,又叹一口气。

"师傅!只有这一条路了。店里拼凑起来,还有一百块,你带了去,过一两个月也就够了;这里的事,我和他们理直。"

寿生低声说。可是林大娘却偏偏听得了,她忽然抑住了呃,抢着叫道:

"你们也去!你,阿秀。放我一个人在这里好了,我拼老命!呃!"

忽然异常少健起来,林大娘转身跑到楼上去了。林小姐叫着"妈"随后也追了上去。林先生望着楼梯发怔,心里感到有什么要紧的事,却又乱麻麻地总是想不起。寿生又低声说:

"师傅,你和师妹一同走罢!师妹在这里,师母是不放心的!她总说他们要来抢——"

林先生淌着眼泪点头,可是打不起主意。

寿生忍不住眼圈儿也红了,叹一口气,绕着桌子走。

忽然听得林小姐的哭声。林先生和寿生都一跳。他们赶到楼梯头时,林大娘却正从房里出来,手里捧一个皮纸包儿。看见林先生和寿生都已在楼梯头了,她就缩回房去,嘴里说"你们也来,听我的主意"。她当着林先生和寿生的跟前,指着那纸包说道:

"这是我的私房,呃,光景有两百多块。分一半你们拿去。呃!阿秀,我做主配给寿生!呃,明天阿秀和她爸爸同走。呃,我不走!寿生陪我几天再说。呃,知道我还有几天活,呃,你们就在我面前拜一拜,我也放心!呃——"

林大娘一手拉着林小姐,一手拉着寿生,就要他们"拜一拜"。

都拜了,两个人脸上飞红,都低着头。寿生偷眼看林小姐,看见她的泪痕中含着一些笑意,寿生心头扑扑地跳了,反倒落下两滴眼泪。

林先生松一口气,说道:

"好罢,就是这样。可是寿生,你留在这里对付他们,万事要细心!"

七

林家铺子终于倒闭了。林老板逃走的新闻传遍了全镇。债权人中间的恒源庄首先派人到林家铺子里封存底货。他们又搜寻账簿。一本也没有了。问寿生。寿生躺在床上害病。又去逼问林大娘。林大娘的回答是连珠炮似的打呃和眼泪鼻涕。为的她到底是"林大娘",人们也没有办法。

十一点钟光景,大群的债权人在林家铺子里吵闹得异常厉害。恒源庄和其他的债权人争执怎样分配底货。铺子里虽然淘空,但连"生财"合计,也足够偿还债权者七成,然而谁都只想给自己争得九成或竟至十成。商会长说得舌头都有点儿僵硬了,却没有结果。

来了两个警察,拿着木棍站在门口吆喝那些看热闹的闲人。

"怎么不让我进去?我有三百块钱的存款呀!我的老本!"

朱三阿太扭着瘪嘴唇和警察争论,巍颤颤地在人堆里挤。她额上的青筋就有小指头儿那么粗。她挤了一会儿,忽然看见张寡妇抱着五岁的孩子在那里哀求另一个警察放她进去。那警察斜着眼睛,假装是调弄那孩子,却偷偷地用手背在张寡妇的乳部揉摸。

"张家嫂呀——"

朱三阿太气喘喘地叫了一声,就坐在石阶沿上,用力地扭着她的瘪嘴唇。

张寡妇转过身来,找寻是谁唤她;那警察却用了亵昵的口吻叫道:

"不要性急!再过一会儿就进去!"

听得这句话的闲人都笑起来了。张寡妇装作不懂,含着一泡眼泪,无目的地又走了一步。恰好看见朱三阿太坐在石阶沿上喘气。张寡妇跌撞似的也到了朱三阿太的旁边,也坐在那石阶沿上,忽然就放声大哭。她一边哭,一边喃喃地诉说着:

"阿大的爷呀,你丢下我去了,你知道我是多么苦啊!强盗兵打杀了你,前天是三周年……绝子绝孙的林老板又倒了铺子,——我十个指头做出来的百几十块钱,丢在水里了,也没响一声!啊哟!穷人命苦,有钱人心狠——"

看见妈哭,孩子也哭了;张寡妇搂住了孩子,哭得更伤心。

朱三阿太却不哭,弩起了一对发红的已经凹陷的眼睛,发疯似的反复说着一句话:

"穷人是一条命,有钱人也是一条命;少了我的钱,我拼老命!"

此时有一个人从铺子里挤出来,正是桥头陈老七。他满脸紫青,一边挤,一边回过头去嚷骂道:

"你们这伙强盗!看你们有好报!天火烧,地火爆,总有一天现在我陈老七眼睛里呀!要吃倒账,就大家吃,分摊到一个边皮儿,也是公平,——"

陈老七正骂得起劲,一眼看见了朱三阿太和张寡妇,就叫着她们的名字说：

"三阿太，张家嫂，你们怎么坐在这里哭！货色，他们分完了！我一张嘴吵不过他们十几张嘴，这班狗强盗不讲理，硬说我们的钱不算账，——"

张寡妇听说，哭得更加苦了。先前那个警察忽然又踅过来，用木棍子拨着张寡妇的肩膀说：

"喂，哭什么？你的养家人早就死了。现在还哭哪一个！"

"狗屁！人家抢了我们的，你这东西也要来调戏女人么？"

陈老七怒冲冲地叫起来，用力将那警察推了一把。那警察睁圆了怪眼睛，扬起棍子就想要打。闲人们都大喊，骂那警察。另一个警察赶快跑来，拉开了陈老七说：

"你在这里吵，也是白吵。我们和你无怨无仇，商会里叫来守门，吃这碗饭，没办法。"

"陈老七，你到党部里去告状罢！"

人堆里有一个声音这么喊。听声音就知道是本街有名的闲汉陆和尚。

"去，去！看他们怎样说。"

许多声音乱叫了。但是那位作调人的警察却冷笑，扳着陈老七的肩膀道：

"我劝你少找点麻烦罢。到那边，中什么用！你还是等候林老板回来和他算账，他倒不好白赖。"

陈老七虎起了脸孔，弄得没有主意了。经不住那些闲人们都撺怂着"去"，他就看着朱三阿太和张寡妇说道：

"去去怎样？那边是天天大叫保护穷人的呀！"

"不错。昨天他们扣住了林老板，也是说防他逃走，穷人的钱没有着落！"

又一个主张去的拉长了声音叫。于是不由自主似的,陈老七他们三个和一群闲人都向党部所在那条路去了。张寡妇一路上还是啼哭,咒骂打杀了她丈夫的强盗兵,咒骂绝子绝孙的林老板,又咒骂那个恶狗似的警察。

快到了目的地时,望见那门前排立的四个警察,都拿着棍子,远远地就吆喝道:

"滚开!不准过来!"

"我们是来告状的,林家铺子倒了,我们存在那里的钱都拿不到——"

陈老七走在最前排,也高声的说。可是从警察背后突然跳出一个黑麻子来,怒声喝打。警察们却还站着,只用嘴威吓。陈老七背后的闲人们大噪起来。黑麻子怒叫道:

"不识好歹的贱狗!我们这里管你们那些事么?再不走,就开枪了!"

他跺着脚喝那四个警察动手打。陈老七是站在最前,已经挨了几棍子。闲人们大乱。朱三阿太老迈,跌倒了。张寡妇慌忙中落掉了鞋子,给人们一冲,也跌在地下,她连滚带爬躲过了许多跳过的和踏上来的脚,站起来跑了一段路,方才觉到她的孩子没有了。看衣襟上时,有几滴血。

"啊哟!我的宝贝!我的心肝!强盗杀人了,玉皇大帝救命呀!"

她带哭带嚷地快跑,头发纷散;待到她跑过那倒闭了的林家铺面时,她已经完全疯了!

一九三二年六月十八日作完

秋收

一

　　直到旧历五月尽头，老通宝那场病方才渐渐好了起来。除了他的媳妇四大娘到祖师菩萨那里求过两次"丹方"而外，老通宝简直没有吃过什么药；他就仗着他那一身愈穷愈硬朗的筋骨和病魔挣扎。

　　可是第一次离床的第一步，他就觉得有点不对了；两条腿就同踏在棉花堆里似的，软软地不得劲，而且他无论如何也不能把腰板挺直。"躺了那么长久，连骨节都生了锈了！"——老通宝不服气地想着，努力想装出还是少壮的气概来。然而当他在洗脸盆的水中照见了自己的面相时，却也忍不住叹一口气了。那脸盆里的面影难道就是他么？那是高撑着两根颧骨，一个瘦削的鼻头，两只大廓落落的眼睛，而又满头乱发，一部灰黄的络腮胡子，喉结就像小拳头似的突出来；——这简直七分像鬼呢！老通宝仔细看着，看着，再也忍不住那眼眶里的泪水往脸盆里直滴。

　　这是倔强的他近年来第一次淌眼泪。四五十年辛苦挣成了一份家当的他，素来就只崇拜两件东西：一是菩萨，一是健康。他深切地相信：没有菩萨保佑，任凭你怎么刁钻古怪，弄来的钱财到底是不"作肉"的;而没有了健康,即使菩萨保佑,你也不能挣钱活命。在这上头,老通宝所信仰的菩萨就是"财神"。每逢旧历朔望,老通宝一定要到村外小桥头那座简陋不堪的"财神堂"跟前磕几个响头,四十余年如一日。然而现在一场大病把他弄到七分像鬼,这打击就比茧子卖不起价钱还要厉害些。他觉得他这一家从此完了,再没有翻身的日子。

"唉!总共不过困了个把月,怎么就变了样子!"

望着那蹲在泥灶前吹火的四大娘,老通宝轻轻说了这么一句。

没有回答。蓬松着头发的四大娘头脸几乎要钻进灶门去似的一股劲儿在那里呼呼地吹。白烟弥漫了一屋子,又从屋前屋后钻出去,可是那半青的茅草不肯旺燃。十二三岁的小宝从稻场上跑进来,呛着那烟气就咳起来了;一边咳,一边就嚷肚子饿。老通宝也咳了几声,抖颤着一对腿,走到那泥灶跟前,打算帮一手。但此时灶门前一亮,茅草燃旺了,接着就有小声儿的必剥必剥的爆响。四大娘加了几根桑梗在灶里,这才抬起头来,却已是满脸泪水;不知道是为了烟熏了眼睛呢,还是另有原因,总之,这位向来少说话多做事的女人现在也是淌眼泪。

公公和儿媳妇两个,泪眼对看着,都没有话。灶里现在燃旺了,火舌头舐到灶门外。那一片火光映得四大娘满脸通红。这火光,虽然掩过了四大娘脸上的菜色,可掩不过她那消瘦。而且那发育很慢的小宝这时倚在他母亲身边,也是只剩了皮包骨头,简直像一只猴子。这一切,老通宝现在是看得十分清楚,——他躺在那昏暗的病床上也曾摸过小宝的手,也曾觉得这孩子瘦了许多,可总不及此时他看的真切,——于是他突然一阵心酸,几乎哭出声来了。

"呀,呀,小宝!你怎么的?活像是童子痨呢!"

老通宝气喘喘地挣扎出话来,他那大廓落落的眼睛钉住了四大娘的面孔。

仍旧没有回答,四大娘撩起那破洋布衫的大襟来抹眼泪。

锅盖边嘟嘟地吹着白的蒸汽了。那汽里还有一股香味。小宝踅到锅子边凑着那热气嗅了一会儿,就回转头噘起嘴巴,问他的娘道:

"又是南瓜!娘呀!你怎么老是南瓜当饭吃!我要——我想吃白米饭呢!"

四大娘猛的抽出一条桑梗来,似乎要打那多嘴的小宝了;但终于只在地上鞭了一下,随手把桑梗折断,别转脸去对了灶门,不说话。

"小宝,不要哭;等你爷回来,就有白米饭吃。爷到你外公家去——托你外公借钱去了;借钱来就买米,烧饭给你吃。"老通宝的一只枯瘠的手抖簌簌地摸着小宝的光头,喃喃地说。

他这话可不是撒谎。小宝的父亲,今天一早就上镇里找他岳父张财发,当真是为的借钱,——好歹要揪住那张老头儿做个"中人"向镇上那专放"乡债"的吴老爷"借转"这么五块十块钱。但是小宝却觉得那仍旧是哄他的。足有一个半月了,他只听得爷和娘商量着"借钱来买米"。可是天天吃的还不是南瓜和芋头!讲到芋头,小宝也还有几分喜欢;加点儿盐烧熟了,上口也还香腻。然而那南瓜呀,松波波的,又没有糖,怎么能够天天当正经吃?不幸是近来半个月每天两顿总是老调的淡南瓜!小宝想起来就心里要作呕了。他含着两泡眼泪望着他的祖父,肚子里却又在咕咕地叫。他觉得他的祖父,他的爷,娘,都是硬心肠的人;他就盼望他的叔叔多多头回来,也许这位野马似的好汉叔叔又像上次那样带几个小烧饼来偷偷地给他香一香嘴巴。

然而叔父多多头已经有三天两夜不曾回家,小宝是记得很真的!

锅子里的南瓜也烧熟了,滋滋地叫响。老通宝揭开锅盖一看,那小半锅的南瓜干渣渣地没有汤,靠锅边并且已经结成"南瓜锅巴"了;老通宝眉头一皱,心里就抱怨他的儿媳妇太不知道俭省。蚕忙以前,他家也曾断过米,也曾烧南瓜当饭吃,但那时两个南瓜就得对上一锅子的水,全家连大带小五个人汤漉漉地多喝几碗也是一个饱;现在他才只病倒了个把月,他们年青人就专往"浪费"这条路上跑,这还了得么?他这一气之下,居然他那灰青的面皮有点红彩了。他抖抖簌簌地走到水缸边正待舀起水来,想往锅里加,猛不防四大娘劈头抢过去就把那干渣渣的南瓜糊一碗一碗盛了起来,又哑着嗓子叫道:

"不要加水!就只我们三个,一顿吃完,晚上小宝的爷总该带回几升米来了!——嗳,小宝,今回的南瓜干些,滋味好,你来多吃一碗罢!"

嚓!嚓!嚓!四大娘手快,已经在那里铲着南瓜锅巴了。老通宝气得说不出话来,捧了一碗南瓜就巍颤颤地踱到"廊檐口",坐在门槛上慢慢地吃着,满肚子是说不明白的不舒服。

面前稻场上一片太阳光,金黄黄地耀得人们眼花。横在稻场前的那条小河像一条银带;可是河水也浅了许多了,岸边的几枝水柳叶子有点发黄。河岸两旁静悄悄的没个人影,连黄狗和小鸡也不见一只。往常在这正午时分,河岸上总有些打水洗衣洗碗盏的女人和孩子,稻场上总有些刚吃过饭的男子衔着旱烟袋,蹲在树底下,再不然,各家的廊檐口总也有些人像老通宝似的坐在门槛上吃喝着谈着,但现在,太阳光暖和地照着,小河的水静悄悄地流着,这村庄却像座空山了!老通宝才只一个半月没到廊檐口来,可是这村庄已经变化,他几乎认不得了,正像他的小宝瘦到几乎认不得一样!

碗里的南瓜糊早已完了,老通宝瞪着一对大廓落落的眼睛望着那小河,望着隔河的那些冷寂的茅屋,一边还在机械地啜着。他也不去推测村里的人为什么整伙儿不见面,他只觉得自己一病以后这世界就变了!第一是他自己,第二是他家里的人,——四大娘和小宝,而最后,是他所熟悉的这个生长之乡。有一种异样的悲酸冲上他鼻尖来了。他本能地放下那碗,双手捧着头,胡乱地想这想那。

他记得从"长毛窝"里逃出来的祖父和父亲常常说起"长毛""洗劫过"(那叫作"打先风"罢)的村庄就是没半个人影子,也没鸡狗叫。今年新年里东洋小鬼打上海的时候,村里大家都嚷着"又是长毛来了"。但以后不是听说又讲和了么?他在病中,也没听说"长毛"来。可是眼前这村庄的荒凉景象多么像那"长毛打过先风"的村庄呀!他又记得他的祖父也常常说起,"长毛"到一个村庄,有时并不"开刀",却叫村里人一块儿跟去做"长毛";那时,也留下一座空空的村庄。难道现在他这村里的人也跟了去做"长毛"?原也听说别处地方闹"长毛"闹了好几年了,可是他这村里都还是"好百姓"呀,难道就在他病中昏迷那几天里"长毛"已经来过了么?这,想来也不像。

突然一阵脚步声在老通宝跟前跑过。老通宝出惊地抬起头来,看见扁阔的面孔上一对细眼睛正在对着他瞧。这是他家紧邻李根生的老婆,那出名的荷花!也是瘦了一圈,但正因为这瘦,反使荷花显得俏些;那一对眼睛也像比往常讨人欢喜,那眼光中混乱着同情和惊讶。但是老通宝立刻想起了春蚕时候自己家和荷花的宿怨来,并且他又觉得病后第一次看见生人面却竟是这个"白虎星"那就太不吉利,他恨恨地吐了一口唾沫,赶快垂下头去把脸藏过了。

一会儿以后,老通宝再抬起头来看时,荷花已经不见了,太阳光晒到他脚边。于是他就想起这时候从镇上回到村里来的航船正该开船,而他的儿子阿四也许在那船上,也许已经借到了几块钱,已经买了米。他下意识地咂着舌头了。实在他亦厌恶那老调的南瓜糊,他也想到了米饭就忍不住咽口水。

"小宝!小宝!到阿爹这里来罢!"

想到米饭,便又想到那饿瘦得可怜的孙子,老通宝扬着声音叫了。这是他今天离了病床后第一次像个健康人似的高声叫着。没有回音。老通宝看看天空,第二次用尽力气提高了嗓子再叫。可是出他意外,小宝却从紧邻的荷花家里跳出来了,并且手里还拿一个扁圆东西,看去像是小烧饼。这猴子似的小孩子跳到老通宝跟前,将手里的东西冲着老通宝的脸一扬,很卖弄似的叫一声"阿爹,你看,烧饼!"就慌忙塞进嘴里去了。

老通宝忍不住也咽下一口唾沫,嘴角边也掠过一丝艳羡的微笑;但立刻他放沉了脸色,轻声问道:

"小宝!谁给你的?这——烧饼!"

"荷——荷——"

小宝嘴里塞满了烧饼,说不出来。老通宝却已经明白,他的脸色更加难看了。他这时的心理很复杂:小宝竟去吃"仇人"的东西,真是太丢脸了!而且荷花家里竟有烧饼,那又是什么"天理"呀!老通宝恨得咬牙跺脚,可又不舍得打这可怜的小宝。这时小宝已经吞下了那个饼,就很得意地说道:

"阿爹!荷花给我的。荷花是好人,她有饼!"

"放屁!"

老通宝气得脸都红了,举起手来作势要打。可是小宝不怕,又接着说:

"她还有呢!她是镇上拿来的。她说明天还要去拿米,白米!"

老通宝霍地站了起来,浑身发抖。一个半月没有米饭下肚的他,本来听得别人家有米饭就会眼红,何况又是他素来看不起的荷花家!他铁青了脸,粗暴地叫骂道:

"什么希罕!光景是做强盗抢来的罢!有朝一日捉去杀了头,这才是现世报!"

骂是骂了,却是低声的。老通宝转眼睃着他的孙子,心里便筹算着如果荷花出来"斗口",怎样应付。平白地诬人"强盗",可不是玩的。然而荷花家意外地毫无声响。倒是不识趣的小宝又做着鬼脸说道:

"阿爹!不是的!荷花是好人,她有烧饼,肯给我吃!"

老通宝的脸色立刻又灰白了。他不作声,转脸看见廊檐口那破旧的水车旁边有一根竹竿,随手就扯了过来。小宝一瞧神气不对,撒腿就跑,偏偏又向荷花家钻进去了。老通宝正待追赶,蓦地一阵头晕眼花,两腿发软,就坐在泥地上,竹竿撇在一边。这时候,隔河稻场上闪出一个人来,踱过那四根木头并排做成的"桥",向着老通宝叫道:

"恭喜,恭喜!今天出来走动走动了!老通宝!"

虽则眼前还有几颗黑星在那里飞舞,可是一听那声音,老通宝就知道那人是村里的黄道士,心里就高兴起来。他俩在村里是一对好朋友,老通宝病时,这黄道士就是常来探问的一个。村里人也把他俩看成一双"怪物":因为老通宝是有名的顽固,凡是带着一个"洋"字的东西他就恨如"七世冤家",而黄道士呢,随时随地卖弄他在镇上学来的几句"斯文话",例如叫铜钱为"孔方兄",对人谈话的时候总是"宝眷""尊驾"那一套,村里人听去就仿佛是道士念咒,——因此就给他取了这绰号:道士。可是老通宝却就懂得这黄道士的"斯文话"。并且他常常对儿子阿四说,黄道士做种田人,真是"埋没"!

当下老通宝就把一肚子牢骚对黄道士诉说道:

"道士!说来活活气死人呢!我病了个把月,这世界就变到不像样了!你看,村坊里就像'长毛'刚来'打过先风'!那母狗白虎星,不知道到哪里去偷摸了几个烧饼来,不争气的小宝见着嘴馋!道士,你说该打不该打?"

老通宝说着又抓起身边那竹竿,扑扑地打着稻场上的泥地。黄道士一边听,一边就学着镇上城隍庙里那"三世家传"的测字先生的神气,肩膀一摇一摆地点头叹气。末后,他悄悄地说:

"世界要反乱呢!通宝兄你知道村坊里人都干什么去了?——咳,吃大户,抢米囤!是前天白淇浜的乡下人做开头,今天我们村坊学样去了!令郎阿多也在内——可是,通宝兄,尊驾贵恙刚好,令郎的事,你只当不晓得罢了。哈哈,是我多嘴!"

老通宝听得明白,眼睛一瞪,忽地跳了起来,但立刻像头顶上碰到了什么似的又软瘫在地下,嘴唇籁籁地抖了。吃大户,抢米囤么?他心里乱扎扎地又惊又喜:喜的是荷花那烧饼果然来路"不正",他刚才一口喝个正着,惊的是自己的小儿子多多头也干那样的事,"现世报"莫不要落在他自己身上。黄道士眯着一双细眼睛,很害怕似的瞧着老通宝,又连声说道:

"抱歉,抱歉!贵体保重要紧,要紧!是我嘴快闯祸了!目下听说'上头'还不想严办,不碍事。回头你警戒警戒令郎就行了!"

"咳,道士,不瞒你说,我一向看得那小畜生做人之道不对,老早就疑心是那'小长毛'冤鬼投胎,要害我一家!现在果然做出来了!——他不回来便罢,回来时我活埋这小畜生!道士,谢谢你,给我透个信;我真是瞒在鼓心里呀!"

老通宝抖着嘴唇恨恨地说,闭了眼睛,仿佛他就看见那冤鬼"小长毛"。黄道士料不到老通宝会"古板"到这地步,当真在心里自悔"嘴快"了,况又听得老通宝谢他,就慌忙接口说:

"岂敢,岂敢,舍下还有点小事,再会,再会;保重,保重!"

像逃走似的,黄道士转身就跑,撇下老通宝一个人坐在那里痴想。太阳晒到他头面上了,——很有些威力的太阳,他也不觉得热,他只把从祖父到父亲口传下来的"长毛"故事,颠倒地乱想。他又想到自身亲眼见过的光绪初年间全县乡下人大规模的"闹漕",立刻几颗血淋淋的人头挂在他眼前了。他的一贯的推论于是就得到了:"造反有好处,'长毛'应该老早就得了天下,可不是么?"

现在他觉得自己一病以后,世界当真变了!而这一"变",在刚从小康的自耕农破产,并且幻想还是极强的他,想起来总是害怕!

二

到太阳落山的时候,老通宝的儿子阿四回家了。他并没借到钱,但居然带来了三斗米。

"吴老爷说没有钱。面孔很难看。可是他后来发了善心,赊给我三斗米。他那米店里囤着百几十担呢!怪不得乡下人没饭吃!今天我们赊了三斗,等到下半年田里收起来,我们就要还他五斗糙米!这还是天大的情面!有钱人总是越拌越多!"

阿四阴沉地说着,把那三斗米分装在两个甏里,就跑到屋子后边那半旧的猪棚跟前和老婆叽叽咕咕讲"私房话"。老通宝闷闷地望着猪棚边的儿子和儿媳,又望望那两口米甏,觉得今天阿四的神气也不对,那三斗米的来路也就有点不明不白。可是他不敢开口追问。刚才为了小儿子多多头的"不学好",老通宝和四大娘已经吵过架了。四大娘骂他"老糊涂",并且取笑他:"好,好!你去告多多头忤逆,你把他活埋了,人家老爷们就会赏赐你一只金元宝罢!"老通宝虽然拿出"祖传"的圣贤人的大道理——"人穷了也要有志气"这句话来,却是毫无用处。"志气"不能当饭吃,比南瓜还不如!但老通宝因这一番吵闹就更加心事重了。他知道儿子阿四尽管"忠厚正派",却是耳根太软,经不起老婆的怂恿。而现在,他们躲到猪棚边密谈了!老通宝恨得牙痒痒地,没有办法。他远远地望着阿四和四大娘,他的思想忽又落到那半旧的猪棚上。这是五六年前他亲手建造的一个很像样的猪棚,单买木料,也花了十来块钱呢;可是去年这猪棚就不曾用,今年大概又没有钱去买小猪;当初造这棚也曾请教过风水先生,真料不到如今这么"背时"!

老通宝的一肚子怨气就都呵在那猪棚上了。他抖簌簌地向阿四他们走去,一面走,一边叫道:

"阿四!前回听说小陈老爷要些旧木料。明天我们拆这猪棚卖给他罢!倒霉的东西,养不起猪,摆在这里干么!"

喳喳地密谈着的两个人都转过脸儿来了。薄暗中看见四大娘的脸异常兴奋,颧骨上一片红。她把嘴唇一撇,就回答道:

"值得几个钱呢!这些脏木头,小陈老爷也不见得要!"

"他要的!我的老面子,我们和陈府上三代的来往,他怎么好说不要!"

老通宝吵架似的说,整个的"光荣的过去"忽又回到他眼前来了。和小陈老爷的祖父有过共患难的关系(长毛窝里一同逃出来),老通宝的祖父在陈府上是很有面子的;就是老通宝自己也还受到过分的优待,小陈老爷有时还叫他"通宝哥"呢!而这些特殊的遭遇,也就是老通宝的"驯良思想"的根基。

四大娘不再说什么,噘着嘴就走开了。

"阿四!到底多多头干些什么,你说!——打量我不知道么?等我断了气,这才不来管你们!"

老通宝看着四大娘走远了些,就突然转换话头,气吼吼地看着他的大儿子。

一只乌鸦停在屋脊上对老通宝父子俩哑哑地叫了几声。阿四随手拾起一块碎瓦片来赶走那乌鸦,又吐了口唾沫,摇着头,却不作声。他怎么说,而且说什么好呢?老子的话是这样的,老婆的话却又是一个样子,兄弟的话又是第三个样子。他这老实人,听听全有道理,却打不起主意。

"要杀头的呢!满门抄斩!我见过得多!"

"那——杀得完这许多么?"

阿四到底开口了,懦弱地反对着老子的意见。但当他看见老通宝两眼一瞪,额上青筋直爆,他就转口接着说道:

"不要紧!阿多去赶热闹罢哩!今天他们也没到镇上去——"

"热你的昏!黄道士亲口告诉我,难道会错?"

老通宝咬着牙齿骂,心里断定了儿子媳妇跟多多头全是一伙了。

"当真没有。黄道士,丝瓜缠到豆蔓里!他们今天是到东路的杨家桥去。老太婆女人打头,男人就不过帮着摇船。多多头也是帮她们摇船！不瞒你！"

阿四被他老子追急了，也就顾不得老婆的叮嘱，说出了真情实事。然而他还藏着两句要紧话，不肯泄漏，一是帮着摇船的多多头在本村里实在是领袖，二是阿四他本人也和老婆商量过，要是今天借不到钱，量不到米，明天阿四也帮她们"摇船"去。

老通宝似信非信地盯住了阿四看，暂时没有话。

现在天色渐渐黑下来了，老通宝家的烟囱里开始冒白烟，小宝在前面屋子里唱山歌。四大娘的声音唤着："小宝的爷！"阿四赶快应了一声，便离开他老子和那猪棚；却又站住了，松一口气似的说道：

"眼前有这三斗米，十天八天总算是够吃了；晚上等多多头回来，就叫他不要再去帮她们摇船罢！"

"这猪棚也要拆的。摆在这里，风吹雨打，白糟塌坏了！拆下来到底也变得几个钱。"

老通宝又提到那猪棚，言外之意仿佛就是：还没有山穷水尽，何必干那些犯"王法"的事呢！接着他又用手指敲着那猪棚的木头，像一个老练的木匠考查那些木头的价值。然后，他也踱进屋子去了。

这时候，前面稻场上也响动了人声。村里"出去"的人们都回来了。小宝像一只小老鼠蹿了出去找他的叔叔多多头。四大娘慌慌忙忙的塞了一大把桑梗到灶里，也就赶到稻场上，打听"新闻"。灶上的锅盖此时也开始吹热汽，啵啵地。现在这热汽里是带着真实的米香了，老通宝嗅到了只是咽口水。他的肚子里也咕咕地叫了起来。但是他的脑子里却忙着想一点别的事情。他在计算怎样"教训"那野马似的多多头，并且怎样去准备那快就来到的"田里生活"。在这时候，在这村里，想到一个多月后的"田里生活"的,恐怕就只有老通宝他一个!

然而多多头并没回来。还有隔河对邻的陆福庆也没有回来。据说都留在杨家桥的农民家里过夜,打算明天再帮着"摇船"到鸭嘴滩,然后联合那三个村坊的农民一同到"镇上"去。这个消息,是陆福庆的妹子六宝告诉了四大娘的。全村坊的人也都兴奋地议论这件事。却没有人去告诉老通宝。大家都知道老通宝的脾气古怪。

"不回来倒干净!地痞胚子!我不认账这个儿子!"

吃晚饭的时候,老通宝似乎料到了几分似的,看着大儿子阿四的脸,这样骂起来了。阿四咂着嘴巴不开腔。四大娘朝老头子横了一眼,鼻子里似乎哼了一声。

这一晚上,老通宝睡不安稳。他一合上眼,就是梦,而且每一个梦又是很短,而且每一个梦完的时候,他总像被人家打了一棍似的在床上跳醒。他不敢再睡,可是他又倦得很,他的眼皮就像有千斤重。朦胧中他又听得阿四他们床上叽叽咕咕有些声音,他以为是阿四夫妇俩枕头边说体己话,但突然他浑身一跳,他听得阿四大声嚷道:

"阿多头,爹要活埋你呢! ——咳,你这话怕不对么!老头子不懂时势!可是会不会弥天大罪都叫你一个人去顶,人家到头来一个一个都溜走?……"

这是梦话呀!老通宝听得清楚时,浑身汗毛直竖,眼睛也睁得大大的。他撑起上半身,叫了一声:

"阿四!"

没有回音。孙子小宝从梦中笑了起来。四大娘唇舌不清地骂了一句。接着是床板响,接着又是鼾声大震。

现在老通宝睡意全无,睁眼看着黑暗的虚空,满肚子的胡思乱想。他想到三十年前的"黄金时代",家运日日兴隆的时候;但现在除了一叠旧账簿而外,他是什么也没剩。他又想起本年"蚕花"那样熟,却反而赔了一块桑地。他又想起自己家从祖父下来代代"正派",老陈老爷在世的时候是很称赞他们的,他自己也是从二十多岁起就死心塌地学着镇上老爷们的"好样子",——虽然捏锄头柄,他"志气"是有的,然而他现在落得个什么呢？天老爷没有眼睛!并且他最想不通的,是天老爷还给他阿多头这业种。难道隔开了五六十年,"小长毛"的冤魂还没转世投胎么？——于是突然间老通宝冷汗直淋,全身发抖。天哪!多多头的行径活像个"长毛"呢!而且,而且老通宝猛又记起四五年前闹着什么"打倒土豪劣绅"的时候,那多多头不是常把家里藏着的那把"长毛刀"拿出来玩么？"长毛刀!"这是老通宝的祖父从"长毛营盘"逃走的时候带出来的;而且也就是用这把刀杀了那巡路的"小长毛"!可是现在,那阿多头和这刀就像夙世有缘似的!

老通宝什么都想到了,而且愈想愈怕。只有一点,他没有想到,而且万万料不到;这就是正当他在这里咬牙切齿恨着阿多头的时候,那边杨家桥的二三十户农民正在阿多头和陆福庆的领导下,在黎明的浓雾中,向这里老通宝的村坊进发!而且这里全村坊的农民也在兴奋的期待中做了一夜热闹的梦,而此时梦回神清,正也打算起身来迎接杨家桥来的一伙人了!

鱼肚白从土壁的破洞里钻进来了。稻场上的麻雀噪也听得了。喔,喔,喔!全村坊里仅存的一只雄鸡——黄道士的心肝宝贝,也在那里啼了。喔喔喔!这远远地传来的声音有点像是女人哭。

老通宝这时忽然又蒙眬睡去;似梦非梦的,他看见那把"长毛刀"亮晶晶地在他面前晃。俄而那刀柄上多出一只手来了!顺着那手,又见了栗子肌肉的臂膊,又见了浓眉毛圆眼睛的一张脸了!

正是那多多头!"呔!——"老通宝又怒又怕地喊了一声,从床上直跳起来,第一眼就看见屋子里全是亮光。四大娘已经在那里烧早粥,灶门前火焰活泼地跳跃。老通宝定一定神,爬下床来时,猛又听得外边稻场上人声像阵头风似的卷来了。接着,锽锽锽!是锣声。

"谁家火起么?"

老通宝一边问,一边就跑出去。可是到了稻场上,他就完全明白了。稻场上的情形正和他亲身经过的光绪初年间的"闹漕"一样。杨家桥的人,男男女女,老太婆小孩子全有,乌黑黑的一簇,在稻场上走过。"出来!一块儿去!"他们这样乱哄哄地喊着。而且多多头也在内!而且是他敲锣!而且他猛地抢前一步,跳到老通宝身前来了!老通宝脸全红了,眼里冒出火来,劈面就骂道:

"畜生!杀头胚!……"

"杀头是一个死,没有饭吃也是一个死!去罢!阿四呢?还有阿嫂?一伙儿全去!"

多多头笑嘻嘻地回答。老通宝也没听清,抡起拳头就打。阿四却从旁边钻出来,拦在老子和兄弟中间,慌慌忙忙叫道:

"阿多弟!你听我说。你也不要去了。昨天赊到三斗米。家里有饭吃了!"

多多头的浓眉毛一跳,脸色略变,还没出声,突然从他背后跳出一个人来,正是那陆福庆,一手推开了阿四,哈哈笑着大叫道:

"你家里有三斗米么?好呀!杨家桥的人都没吃早粥,大家来罢!"

什么?"吃"到他家来了么?阿四简直不能相信自己的耳朵。可是杨家桥的人发一声喊,已经拥上来,已经闯进阿四家里去了。老通宝就同心头割去了块肉似的,狂喊一声,忽然眼前乌黑,腿发软,就蹲在地下。阿四像疯狗似的扑到陆福庆身上,夹脖子乱咬,

带哭的声音哼哼唧唧骂着。陆福庆一面招架,一面急口喝道:

"你发昏么?算什么!——阿四哥!听我讲明白!呔!阿多!你看!"

突然阿四放开陆福庆,转身揪住了多多头,一边打,一边哭,一边嚷:

"毒蛇也不吃窝边草!你引人来吃自家了!你引人来吃自家了!"

阿多被他哥哥抱住了头,只能呵呵地哼。陆福庆想扭开他们也不成功。老通宝坐在地上大骂。幸而来了陆福庆的妹子六宝,这才帮着拉开了阿四。

"你有门路,赊得到米,别人家没有门路,可怎么办呢?你有米吃,就不去,人少了,事情弄不起来,怎么办呢?——嘿嘿!不是白吃你的!你也到镇上去,也可以分到米呀!"

多多头喘着气,对他的哥哥说。阿四这时像一尊木偶似的蹲在地下出神。陆福庆一手捺着颈脖上的咬伤,一手拍着阿四的肩膀,也说道:

"大家讲定了的:东村坊上谁有米,就先吃谁,吃光了同到镇上去!阿四哥!怪不得我!大家讲定了的!"

"长毛也不是这样不讲理的,没有这样蛮!"

老通宝到底也弄明白那是怎么一回事,就轻声儿骂着,却不敢看着他们的脸骂,只把眼睛望住了地下。同时他心里想道:好哇!到镇上去!到镇上去吃点苦头,这才叫作现世报,老天爷有眼!那时候,你们才知道老头子的一把年纪不是活在狗身上罢!

这时候,杨家桥的人也从老通宝家里回出来了,嚷嚷闹闹的捧着那两个米甏。四大娘披散着头发,追在米甏后面,一边哭,一边叫:

"我们自家吃的！自家吃的！你们连自家吃的都要抢么？强盗！杀胚！"

谁也不去理她。杨家桥的人把两个米氅放在稻场中央,就又敲起锣来。六宝下死劲把四大娘拉开,吵架似的大声喊着,想叫四大娘明白过来：

"有饭大家吃！你懂么？有饭大家吃！谁叫你磕头叫饶去赊米来呀？你有地方赊,别人家没有呀！别人都饿死,就让你一家活么？嘘,嘘！号天号地哭,像死了老公呀！大家吃了你的,回头大家还是帮你要回来！哭什么呀！"

蹲在那里像一尊木偶的阿四这时忽然叹一口气,跑到他老婆身边,好像劝慰又好像抱怨似的说道：

"都是你出的主意！现在落得一场空！有什么法子？跟他们一伙儿去罢！天坍压大家！"

不知道从哪里弄来的两口大锅子,已经摆在稻场上了。东村坊的人和杨家桥的人合在一伙,忙着淘米烧粥,清早的浓雾已散,金黄的太阳光斜射在稻场上,晒得那些菜色的人脸儿都有点红喷喷了。在那小河的东端,水深而且河面阔的地点,人家摆开五六条赤膊船,船上人兴高采烈地唱着山歌。就是这些船要载两个村庄的人向镇上去的！

老通宝蹲在地上不出声,用毒眼望住那伙人嚷嚷闹闹地吃了粥,又嚷嚷闹闹地上船开走。他像做梦似的望着望着,他望见使劲摇船的阿多头,也望见哭丧脸的阿四和四大娘——现在她和六宝谈得很投契似的；他又望见那小宝站在船梢上,站在阿多头旁边,学着摇船的姿势。

然后,像梦里醒过来似的,老通宝猛跳起身,沿着那小河滩,从东头跑到西头。为什么要这样跑,他自己也不大明白；他只觉得心口里有一团东西塞住,非要找一个人谈一下不可而已。但是全村坊静悄悄的没有人影,连小孩子也没有。

终于当他沿着河滩从西头又跑到东头的时候,他看见隔河也有一个人发疯似的迎面跑来。最初他看不清那人的面孔,——那人头上包着一块白布。但在那四根木头的小河边,他看明白那人正是黄道士的时候,他就觉得心口一松,猛喊道:

"长毛也不是那么不讲理!记住!老子一把年纪不是活在狗身上的!到镇上去吃苦头!他们这伙杀胚!"

黄道士也站住了。好像不认识老通宝似的,这黄道士端详了半晌,这才带着哭声说:

"岂有此理,岂有此理!我告诉你,我的老雄鸡也被他们吃了,岂有此理!"

"杀胚!——你说一只老雄鸡么?算什么!人也要杀呢!杀,杀,杀胚!"

老通宝一边嚷,一边就跑回家去。

当天晚上全村坊的人都安然回来,而且每人带了五升米。这使得老通宝十分惊奇。他觉得镇上的老爷们也不像"老爷"了;怎么看见三个村坊一百多乡下人闹到镇里来,就怕得什么似的赶快"讲好",派给每人半斗米?而且因为他们"老爷"太乏,竟连他老通宝的一把年纪也活到狗身上去!当真这世界变了,变到他想来想去想不通,而多多头他们耀武扬威!

三

现在"抢米囤"的风潮到处勃发了。周围二百里内的十多个小乡镇上,几乎天天有饥饿的农民"聚众滋扰"。那些乡镇上的绅士们觉得农民太不识趣,就把慈悲面孔撩开,打算"维持秩序"了。于是县公署,区公所,乃至镇商会,都发了堂皇的六言告示,晓谕四乡:不准抢米囤,吃大户,有话好好儿商量。同时地方上的"公正"绅士又出面请当商和米商顾念"农艰",请他们亏些"血本",开个方便之门,渡过跟前那恐慌。

可是绅士们和商人们还没议定那"方便之门"应该怎么一个开法,农民的肚子已经饿得不耐烦了。六言告示没有用,从图董变化来的村长的劝告也没有用,"抢米囤"的行动继续扩大,而且不复是百来人,而是五六百,上千了!而且不复就近的乡镇,却是用了"远征军"的形式,向城市里来了!

离开老通宝的村坊约有六十多里远的一个繁盛的市镇上就发生了饥饿的农民和军警的冲突。军警开了"朝天枪"。农民被捕了几十。第二天,这市镇就在数千愤怒农民的包围中和邻近各镇失了联络。

这被围的市镇不得不首先开了那"方便之门"。这是简单的三条:农民可以向米店赊米,到秋收的时候,一石还一石;当铺里来一次免息放赎;镇上的商会筹措一百五十担米交给村长去分俵。绅商们很明白目前这时期只能坚守那"大事化为小事"的政策,而且一百五十担米的损失又可以分摊到全镇的居民身上。

同时,省政府的保安队也开到交通枢纽的乡镇上保护治安了。保安队与"方便之门"双管齐下,居然那"抢米囤"的风潮渐渐平下去;这时已经是阴历六月底,农事也迫近到眉毛梢了。

老通宝一家总算仰仗那风潮,这一晌来天天是一顿饭,两顿粥,而且除了风潮前阿四赊来的三斗米是冤枉债而外,竟也没有添上什么新债。但是现在又要种田了,阿四和四大娘觉得那就是强迫他们把债台再增高。

老通宝看见儿子媳妇那样懒懒的不起劲,就更加暴躁。虽则一个多月来他的"威望"很受损伤,但现在是又要"种田"而不是"抢米",老通宝便像乱世后的前朝遗老似的,自命为重整残局的识途老马。他朝朝暮暮在阿四和四大娘跟前唠唠不休地讲着田里的事,讲他自己少壮时候怎样勤奋,讲他自己的老子怎样永不灰心地做着,做着,终于创立了那份家当。每逢他到田里去了一趟回来,就大声喊道:

"明天,后天,一定要分秧了!阿四,你鬼迷了么?还不打算打算肥料?"

"上年还剩下一包肥田粉在这里呀!"

阿四有气无力地回答。突然老通宝跳了起来,恶狠狠地看定了他的儿子说:

"什么肥田粉!毒药!洋鬼子害人的毒药!我就知道祖宗传下来的豆饼好!豆饼力道长!肥田粉吊过了壮气,那田还能用么?今年一定要用豆饼了!"

"哪来的钱去买一张饼呢?就是剩下来那包粉,人家也说隔年货会走掉了力,总是搀一半新的;可是买粉的钱也没有法子想呀!"

"放屁!照你说,就不用种田了!不种田,吃什么,用什么,拿什么来还债?"

老通宝跳着脚咆哮,手指头戳到阿四的脸上。阿四苦着脸叹气。他知道老子的话不错,他们只有在田里打算半年的衣食,甚至还债;可是近年来的经验又使他知道借了债来做本钱种田,简直是替债主做牛马,——牛马至少还能吃饱,他一家却是吃不饱。"还种什么田!白忙!"——四大娘也时常这样说。他们夫妇俩早就觉得多多头所谓"乡下人欠了债就算一世完了"这句话真不错,然而除了种田有别的活路么?因此他们夫妇俩最近的决议也不过是:决不为了种田要本钱而再借债。

看见儿子总是不作声,老通宝赌气,说是"不再管他们的账"了。当天下午他就跑到镇里,把儿子的"败家相"告诉了亲家张老头儿,又告诉了小陈老爷;两位都劝老通宝看破些,"儿孙自有儿孙福"。那一天,老通宝就住在镇上过夜。可是第二天一清早,小陈老爷刚刚抽足了鸦片打算睡觉,老通宝突然来借钱了。数目不多,一张豆饼的代价。一心想睡觉的小陈老爷再三推托不开,只好答应出面到豆饼行去赊。

豆饼拿到手后,老通宝就回家,一路上有说有笑。到家后他把那饼放在廊檐下,却板起了脸孔对儿子媳妇说:

"死了才不来管你们呀!什么债,你们不要多问,你们只管替我做!"

春蚕时期的幻想,现在又在老通宝的倔强的头脑里蓬勃发长,正和田里那些秧一样。天天是金黄色的好太阳,微微的风,那些秧就同有人在那里拔似的长得非常快。河里的水却也飞快地往下缩。水车也拿出来摆在埝头了。阿四一个人忙不过来。老通宝也上去踏了十多转就觉得腰酸腿重气喘。"哎!"叹了一声,他只好爬下来,让四大娘上去接班。

稻发疯似的长起来,也发疯似的要水喝。每天的太阳却又像火龙似的把河里的水一寸一寸地喝干。村坊里到处嚷着"水车上要人",到处拉人帮忙踏一班。荷花家今年只种了些杂粮,她和她那不声不响的可怜相的丈夫是比较空闲的,人们也就忘记了荷花是"白虎星",三处四处拉他们夫妇俩走到车上替一班。陆福庆今年退了租,也是空身子,他们兄妹俩就常常来帮老通宝家。只有那多多头,因为老通宝死不要见他,村里很少来;有时来了,只去帮别人家的忙。

每天早上人们起来看见天像一块青石板似的晴朗,就都皱了眉头。偶尔薄暮时分天空有几片白云,全村的人都欢呼起来。老太婆眯着老花眼望着天空念佛。但是一次一次只是空高兴。扣到一个足月,也没下过一滴雨呀!

老通宝家的田因为地段高,特别困难。好容易从那干涸的河里车起了浑浊的泥水来,经过那六七丈远的沟,便被那燥渴的泥土截收了一半。田里那些壮健的稻梗就同患了贫血症似的一天一天见得黄萎了。老通宝看着心疼,急得搓手跺脚没有办法。阿四哭丧着脸不开口。四大娘冷一句热一句抱怨;咬定了今年的收成是没有巴望的了,白费了人工,而且多欠出一张豆饼的债!

"只要有水,今年的收成怕不是上好的!"

老通宝听到不耐烦的时候,软软地这样回答。四大娘立刻叫了起来:

"呀!水,水!这点子水,就好比我们的血呀!一古脑儿只有我和阿四,再搭上陆家哥哥妹妹俩算一个,三个人能有多少血?磨了这个把月,也干了呀!多多头是一个主力,你又不要他来!呀——呀——"

"当真叫多多头来罢!他比得上一条牛!"

阿四也抢着说,对老婆努了一下嘴巴。

老通宝不作声,吐了一口唾沫。

第二天,多多头就笑嘻嘻地来帮着踏车了。可是已经太迟。河水干到只剩河中心的一泓,阿四他们接了三道戽,这才彀得到水头,然而半天以后就不行了,任凭多多头力大如牛,也车不起水来。靠西边,离开他们那水车地位四五丈远,水就深些,多多头站在那里没到腰。可是那边没有埂头,没法排水车。如果晚上老天不下雨,老通宝家的稻就此完了。

不单是老通宝家,村里谁家的田不是三五天内就要干裂得像龟甲呀!人们爬到高树上向四下里张望。青石板似的一个天,简直没有半点云彩。

唯一的办法是到镇上去租一架"洋水车"来救急。老通宝一听到"洋"字,就有点不高兴。况且他也不大相信那洋水车会有那么大的法力。去年发大水的时候,邻村的农民租用过那洋水车。老通宝虽未目睹,却曾听得那爱管闲事的黄道士啧啧称羡。但那是"踏大水车"呀,如今却要从半里路外吸水过来,怕不灵罢?正在这样怀疑着的老通宝还没开口,四大娘却先愤愤地叫了起来:

"洋水车倒好,可是租钱呢?没有钱呀!听说踏满一爿田就要一块多钱!"

"天老爷显灵。今晚上落一场雨,就好了!"

老通宝也决定了主意了。他急急忙忙跑到村外小桥头那座简陋不堪的"财神堂"前磕了许多响头,许了大大的愿心。

这一夜,因为无水可车,阿四他们倒呼呼地睡了一个饱。老通宝整夜没有合眼。听见有什么簌簌的响声,便以为是在下雨了,他就一骨碌爬起来,到廊檐口望着天。并没有雨,但也没有星,天是一张灰色的脸。老通宝在失望之下还有点希望,于是又跪在地下祷告。到他第三次这样爬起床来探望的时候,东方已经发白,他就跑到田里去看他那宝贝的稻。夜来露水是有的,稻比白天的骄阳下稍稍显得青健。但是田里的泥土已经干裂,有几处简直把手指头压上去不觉得软。老通宝心跳得扑扑地响。他知道过一会儿来了太阳光一照,这些稻准定是没命的,他一家也就没命了。

他回到自家门前的稻场上。一轮血红的太阳正在东方天边探出头来。稻场前那差不多干到底的小河长满了一身的野草。本村坊的人又利用那河滩种了些玉蜀黍,现在都像人那样高了。五六个人站在那玉蜀黍旁边吵架似的嚷着。老通宝惘然走过去,也站在那伙人旁边。他们都是村里人,正在商量大家打伙儿去租用镇上那条"洋水车"。他们中间一个叫作李老虎的说:

"要租,就得赶快!洋水车天天有生意。昨晚上说是今天还没定出,你去迟了就扑一个空,那不是糟糕?老通宝,你也来一股罢?"

老通宝瞪着眼发怔,好像没有听明白。有两个念头填满了他的心,使他说不出话来;一个是怕的"洋水车"也未必灵,又一个是没有钱。而且他打算等别人用过了洋水车,当真灵,然后他再来试一下。钱呢,也许可以欠几天。

这天上午,老通宝和阿四他们就像守着一个没有希望的病人似的在圩头下埂头上来来回回打磨旋。稻是一刻比一刻"不像"了,最初垂着头,后来就折腰,田里的泥土喷喷地发出燥裂的叹息。河里已经无水可车,村坊里的人全都闲着。有几个站在村外的小桥上,焦灼地望着那还没见来的医稻的郎中,——那洋水车!

正午时分,毒太阳就同火烫一般,那些守在小桥上的人忽然发一声喊:来了!一条小船上装着一副机器,——那就是洋水车!看去并没什么出奇的地方,然而这东西据说抽起水来就比七八个壮健男人还厉害。全村坊的人全出来观看了。老通宝和他的儿子也在内。他们看见那装着机器的船并不拢岸,就那么着泊在河心,却把几丈长臂膊粗的发亮的软管子拖到岸上,又搁在田横埂头。

"水就从这管口里出来,灌到田里!"

管理那软管子的镇上人很卖弄似的对旁边的乡下人说。

突然,那船上的机器发喘似的叫起来。接着,咕的一声,第一口水从软管子口里吐出来了,于是就汩汩汩地直泻,一点也不为难。村里人看着,嚷着,笑着,忘记了这水是要花钱的。

老通宝站得略远些,瞪出了眼睛,注意地看着。他以为船上那突突地响着的家伙里一定躲着什么妖怪,——也许就是镇上土地庙前那池潭里的泥鳅精,而水就是泥鳅精吐的涎沫,而且说不定到晚上这泥鳅精又会悄悄地来把它此刻所吐的涎沫收回去,于是明天镇上人再来骗钱。

但是这一切的狐疑始终敌不住那绿汪汪的水的诱惑。当那洋水车灌好了第二爿田的时候,老通宝决定主意请教这"泥鳅精",而且决定主意夜里拿着锄头守在田里,防那泥鳅精来偷回它的唾沫。

他也不和儿子媳妇商量,径拉了黄道士和李老虎做保人,担保了二分月息的八块钱,就取得船上人的同意,也叫那软管子到他田里放水去了。

太阳落山的时候,老通宝的田里平铺着一寸深的油绿绿的水,微风吹着,水皱得像老太婆的脸。老通宝看着很快活,也不理四大娘的唠唠叨叨聒着"又是八块钱的债"!八块钱诚然不是小事,但收起来不是可以卖十块钱一担么?去年糙米也还卖到十一块半呀!一切的幻想又在老通宝心里复活起来了。

阿四仍然摆着一张哭丧脸,呆呆地对田里发怔。水是有了,那些稻依然垂头弯腰,没有活态。水来得太迟,这些娇嫩的稻已经被太阳晒脱了力。

"今晚上用一点肥田粉,明后天就会好起来。"

忽然多多头的声音在阿四耳边响。阿四心就一跳。可不是,还有一包肥田粉,没有用过呀!现在是用当其时了。吊完了地里的壮气么？管他的！但是猛不防老通宝在那边也听得多多头那句话,这老头子就像疯老虎似的扑过来喊道：

"毒药！小长毛的冤鬼,杀胚！你要下毒药么？"

大家劝着,把老通宝拉开。肥田粉的事,就此不提了。老通宝余怒未息地对阿四说：

"你看！过一夜,就会好的！什么肥田粉,毒药！"

于是既怕那泥鳅精来收回唾液,又怕阿四他们偷偷地去下肥田粉,这一夜里,老通宝抵死也要在田塍上看守了。他不肯轻易传授他的"独得之秘",他不说是防着泥鳅精,只说恐怕多多头串通了阿四还要来胡闹。他那顽固是有名的。

一夜平安过去了,泥鳅精并没来收回它的水,阿四和多多头也没胡闹。可是稻照旧奄奄无生气,而且有几处比昨天更坏。老通宝疑惑是泥鳅精的唾液到底不行,然而别人家田里的稻都很青健。四大娘噪得满天红,说是"老糊涂断送了一家的性命"。老通宝急得脸上泛成猪肝色。陆福庆劝他用肥田粉试试看,或者还中用,老通宝呆瞪着眼睛只不作声。那边阿四和多多头早已拿出肥田粉来撒布了。老通宝别转脸去不愿意看。

以后接连两天居然没有那烫得皮肤上起泡的毒太阳。田里水还有半寸光景。稻又生青壮健起来了。老通宝还是不肯承认肥田粉的效力,但也不再说是毒药了。阴天以后又是萧索索的小雨。雨过后有微温的太阳光。稻更长得有精神了,全村坊的人都松一口气,现在有命了：天老爷还是生眼睛的！

接着是凉爽的秋风来了。四十多天的亢旱酷热已成为过去的噩梦。村坊里的人全有喜色。经验告诉他们这收成不会坏。"年纪不是活在狗身上"的老通宝更断言着"有四担米的收成",是一个大熟年！有时他小心地抚着那重甸甸下垂的稻穗,便幻想到也许竟有五担的收成,而且粒粒谷都是那么壮实!

　　同时他的心里便打着算盘:少些说,是四担半罢,他总共可以收这么四十担;完了八八六担四的租米,也剩三十来担;十块钱一担,也有三百元,那不是他的债清了一大半?他觉得十块钱一担是最低的价格!

　　只要一次好收成,乡下人就可以翻身,天老爷到底是生眼睛的!

　　但是镇上的商人却也生着眼睛,他们的眼睛就只看见自己的利益,就只看见铜钱,稻还没有收割,镇上的米价就跌了!到乡下人收获他们几个月辛苦的生产,把那粒粒壮实的谷打落到稻筒里的时候,镇上的米价飞快地跌到六元一石!再到乡下人不怕眼睛盲地奢谷的时候,镇上的米价跌到一担糙米只值四元!最后,乡下人挑了糙米上市,就是三元一担也不容易出脱!米店的老板冷冷地看着哭丧着脸的乡下人,爱理不理似的冷冷地说:

　　"这还是今天的盘子呀!明天还要跌!"

　　然而讨债的人却川流不绝地在村坊里跑,汹汹然嚷着骂着。请他们收米罢?好的!糙米两元九角,白米三元六角!

　　老通宝的幻想的肥皂泡整个儿爆破了!全村坊的农民哭着,嚷着,骂着。"还种什么田!白辛苦了一阵子,还欠债!"——四大娘发疯似的见到人就说这一句话。

　　春蚕的惨痛经验作成了老通宝一场大病,现在这秋收的惨痛经验便送了他一条命。当他断气的时候,舌头已经僵硬不能说话,眼睛却还是明朗朗的;他的眼睛看着多多头似乎说:"真想不到你是对的!真奇怪!"

一九三三年一月

残冬

一

连刮了几阵西北风,村里的树枝都变成光胳膊。小河边的衰草也由金黄转成灰黄,有几处焦黑的一大块,那是顽童放的野火。

太阳好的日子,偶然也有一只瘦狗躺在稻场上;偶然也有一两个村里人,还穿着破夹袄,拱起了肩头,蹲在太阳底下捉虱子。要是阴天,西北风吹那些树枝叉叉地响,彤云像快马似的跑过天空,稻场上就没有活东西的影踪了。全个村庄就同死了的一样。全个村庄,一望只是死样的灰白。

只有村北那个张家坟园独自葱茏翠绿,这是镇上张财主的祖坟,松柏又多又大。

这又是村里人的克星。因为偶尔那坟上的松树少了一棵——有些客籍人常到各处坟园去偷树,张财主就要村里人赔偿。

这一天,太阳光是淡黄的,西北风吹那些枯枝簌簌地响,然而稻场上破例有了人了。

被人家叫作"白虎星"的荷花指手画脚地嚷道:

"刚才我去看了来,可不是,一棵!地下的木屑还是香喷喷的。这伙贼,一定是今天早上。嘿,还是这么大的一棵!"

说着,就用手比着那松树的大小。

听的人都皱了眉头叹气。

"赶快去通知张财主——"

有人轻声说了这么半句,就被旁人截住;那些人齐声喊道:

"赶紧通知他,那老剥皮就饶过我们么?哼!"

"捱得一天是一天!等到老剥皮晓得了,那时再碰运气。"

过了一会儿,荷花的丈夫根生出了这个主意。却不料荷花第一个就反对:

"碰什么运气呢?那时就有钱赔他么?有钱,也不该我们来赔!我们又没吃张剥皮的饭,用张剥皮的钱,干么要我们管他坟上的树?"

"他不同你讲理呀!去年李老虎出头跟他骂了几句,他就叫了警察来捉老虎去坐牢。"

阿四也插嘴说。

"害人的贼!"

四大娘带着哭声骂了一句,心里却也赞成李根生的主意。

于是大家都骂那伙偷树贼来出气了。他们都断定是邻近那班种"荡田"的客籍人。只有"弯舌头"才下得这般"辣手"。因为那伙"弯舌头"也吃过张剥皮的亏,今番偷树,是报仇。可是却害了别人哩!就有人主张到那边的"茅草棚"里"起赃"。

没有开过口的多多头再也忍不住了;好像跟谁吵架似的,他叫道:

"起赃么?倒是好主意!你又不是张剥皮的灰子灰孙,倒要你瞎起劲?"

"噢,噢,噢！你——半路里杀出个程咬金,你不偷树好了,干么要你着急呢？"

主张去"起赃"的赵阿大也不肯让步。李根生拉开了多多头,好像安慰他似的乱嘈嘈地说道：

"说说罢了,谁去起赃呢！吵什么嘴！"

"不是这么说的！人家偷了树,并不是存心来害我们。回头我们要吃张剥皮的亏,那是张剥皮该死！干么倒去帮他捉人搜赃？人家和我并没有交情,可是——"

多多头一面分辩着,一面早被他哥哥拉进屋里去了。

"该死的张剥皮！"

大家也这么恨恨地说了一句。几个男人就走开了,稻场上就剩下荷花和四大娘,呆呆地望着那边一团翠绿的张家坟。忽然像是揭去了一层幔,眼前一亮,淡黄色的太阳光变做金黄了。风也停止。这两个女人仰脸朝天松一口气,便不约而同的蹲了下去,享受那温暖的太阳。

荷花在镇上做过丫头,知道张财主的细底,悄悄地对四大娘说道：

"张剥皮自己才是贼呢！他坐地分赃。"

"哦！——"

"贩私盐的,贩鸦片的,他全有来往！去年不是到了一伙偷牛贼么？专偷客民的牛,也偷到镇上的粉坊里；张剥皮他——就是窝家！"

"难道官府不晓得么？"

"哦！局长么？局长自己也通强盗！"

荷花说时挤着眼睛把嘴唇皮一撇,鼻子里轻轻哼了一声。近来这荷花瘦得多了,皮色是白里泛青,一张大嘴更加显得和她的细眼睛不相称。

四大娘摇着头叹一口气,忽然站起来发恨地说:

"怪道多多头老是说规规矩矩做人就活不了命呀!——"

"不错,世界要反乱了!"

"小宝的阿爹也说长毛要来呢!听说还有女长毛。你知道我们家里有一把长毛刀。……可是,我的爸爸说,真命天子还没出世。"

"呸!出世不出世,他倒晓得么?玉皇大帝告诉他的么?上月里西方天边有一颗星红暴暴的,酒盅那么大,生八只角,这就是真命天子的本命星呀!八只角就是下凡八年了,还说没出世,——"

"那是反王!我的老头子说是反王!你懂得什么!白虎星!"

"咦,咦,咦!"

荷花跳了起来,细眼睛眯紧了,怒气冲冲地瞅着四大娘。

这两个女人恶狠狠地对看了一会儿,旧怨仇便乘机发作;四大娘向来看不起荷花,说她"丫头出身,轻骨头,臭花娘子①"。荷花呢,因为也不是"好惹的",曾经使暗计,想冲克四大娘的蚕花。两人总有半年多工夫见面不打招呼。直到新近四大娘的公公老通宝死了,这贴邻的两个女人才又像是邻舍了。现在却又为了一点儿不相干的事,争吵起来,各人都觉得自己不错。

末了,四大娘用劲地啐了一声,朝地下吐一口唾沫,正打算"小事化为无事",抽身走开了。但是荷花的脾气宁愿挨一顿打,却受不住这样"文明式"的无言的侮辱;她跳前一步,怪声嚷道:

"骂了人家一句就想溜的,不是好货!"

---

① 乡间的一种草,有富于黏性的黑色小粒甚多,微臭,粘着在衣服上后,拂之不去,俗名"臭花娘子"。这名儿骂女人,就等于上海话的"烂污货"。

"你是贱货！白虎星！"

四大娘也回骂，仍旧走。但是她并不回家，却走到小河那边去。荷花看见挑不起四大娘的火性，便觉得很寂寞；她是爱"热闹"的，即使是吵架的热闹，即使吵架的结果是她吃亏——她被打了，她也不后悔。她觉得打架吃亏总比没有人理睬她好些。她最恨的是人家不把她当一个"人"！她做丫头的时候，主人当她是一件东西，主人当她是没有灵性的东西，比猫狗都不如，然而荷花自己知道自己是有灵性的。她之所以痛恨她那旧主人，这也是一个原因。

从丫头变作李根生老婆的当儿，荷花很高兴。为的她从此可以当个人了。然而不幸，她嫁来半个月后，根生就患了一场大病，接着是瘟羊瘟鸡；于是她就得了个恶名：白虎星！她在村里又不是"人"了！但也因为到底是在乡村，——荷花就发明了反抗的法子。她找机会和同村的女人吵嘴，和同村的单身男人胡调。只在吵架与胡调时，她感觉到几分"我也是一个人"的味儿。

春蚕以后大家没有饭吃，乱轰轰地抢米店吃大户的时候，荷花的"人"的资格大见增进。也好久没有听得她那最痛心的诨名：白虎星。她自己呢，也"规矩"些了。但是现在四大娘又挑起了那旧疮疤，并且摆出了不屑跟荷花吵嘴的神气。

看着四大娘走向小河边去的背影，荷花咬着牙齿，心里的悲痛比挨打还厉害些。

西北风忽然转劲了。荷花听去，那风也在骂她：虎，虎，虎！

走到了小河边的四大娘也蓦地站住，回头来望了荷花一眼又赶快转过脸去，吐了一口唾沫。这好比火上添油！荷花怒喊一声，就向四大娘奔去。但是刚跑了两步，荷花脚下猛的一绊，就扑地一跤，跌得两眼发昏。

"哈,哈,哈!白虎星!"

四大娘站得远远地笑骂。同时小河对面的稻场上也跑来了一个女子,也拍着手笑。她叫作六宝,也是荷花的对头。

"呃,呃,有本事的不要逃走!"

荷花坐在地上,仰起了她的扁脸孔,一边喘气,一边恨恨地叫骂。她这一跤跌得不轻,尾尻骨上就像火烧似的发痛;可是她忘记了痛,她一心想着怎样出这口恶气。对方是两个人了,骂呢,六宝的一张嘴,村里有名,那么打架罢,她们是两个!荷花一边爬起来,一边心里踌躇。刚好这时候有人从东边走来,荷花一眼瞥见,就改换了主意。

二

来人就是黄道士。自从老通宝死后,这黄道士便少了一个谈天说地的对手,村里的年青人也不大理睬他;大家忘记了村里还有他这"怪东西"。本来他也是种田的,甲子年上被军队拉去挑子弹,去的时候田里刚在分秧,回来时已经腊尽,总算赶到家吃了年夜饭,他的老婆就死了;从此剩下他一个光身子,爽性卖了他那两亩多田,只留下一小条的"埂头"种些菜蔬挑到镇上去卖,倒也一年一年混得过。有时接连四五天村里不见他这个人。到镇上去赶市回来的,就说黄道士又把卖菜的钱都喝了酒,白天红着脸坐在文昌阁下的测字摊头听那个测字老姜讲"新闻",晚上睡在东岳庙的供桌底下。

这样在镇上混得久了,黄道士在村里就成为"怪东西"。他嘴里常有些镇上人的"口头禅",又像是念经,又像是背书,村里人听不懂,也不愿听。

最近,卖菜的钱不够吃饱肚子,黄道士也戒酒了。他偶然到镇上去,至多半天就回来。回来后就蹲在小河边的树根上,瞪大了眼睛。要是有人走过他跟前,朝他看了一眼,他就跳起来拉住了那人喊道:"世界要反乱了!东北方——东北方出了真命天子!"于是他就唠唠叨叨说了许多人家听不懂的话,直到人家吐了一口唾沫逃走。

但在西北风扫过了这村庄以后,小河边的树根上也不见有瞪大了眼睛蹲着的黄道士。他躲在他那破屋子里,悉悉苏苏地不知道干些什么。有人在那扇破板门外偷偷地看过,说是这"怪东西"在那里拜四方,屋子里供着三个小小的草人儿。

村里的年青人都说黄道士着了"鬼迷",可是老婆子和小孩子却就赶着黄道士问他那三个草人儿是什么神。后来村里的年青女人也要追问根底了。黄道士的回答却总是躲躲闪闪的,并且把他板门上的破缝儿都糊了纸。

然而黄道士只不肯讲他的三个草人罢了,别的浑话是很多的。荷花所说的什么"出角红星"就是拾了黄道士的牙慧。所以现在看见黄道士瞪大着眼睛走了来,荷花便赶快迎上去。她想拉这黄道士做帮手,对付那四大娘和六宝。

"喂,喂,黄道士,你看!四大娘说那颗红星是反王啦!真是热昏!"

荷花大声嚷着,就转脸朝那两个女人狂笑。可是刚才忘记了尾尻骨疼痛却忽然感到了,立刻笑脸变成了哭脸,双手捧住了屁股。

黄道士的眼睛瞪得更大,看看六宝她们,又看看荷花,然后摇着头,念咒似的说:

"托塔李天王,哪吒三太子,二郎神,嘿,二郎神是玉皇大帝的外孙! ……啊,四大娘,真命天子出世了,远在天边,近在眼前!喏!南京脚下有一座山,山边有一个开豆腐店的老头子,天天起五更磨豆腐,喏! 天天,笃笃笃! 有人敲店板,问那老头子:'天亮了没有哪? 天亮了没有哪?'哈哈,自然天没亮呵,老头子就回答'没有!'他不知道这问的人就是真命天子!"

"要是回答他'天亮了'就怎样?"

走近来的六宝抢着说,眼睛钉住了黄道士的面孔。

"说是'天亮了'么? 那就,那就——"

黄道士皱了眉头,一连说了几个"那就",又眯细了眼睛看天,很神秘地摇着头。

"那就是我们穷人翻身!"

荷花等得不耐烦,就冲着六宝的脸大声叫喊,同时又忘记了屁股痛。

"嗳,可不是! 总有点好处落到我们头上呢! 比方说,三年不用完租。"

黄道士松一口气,心里感激着荷花。

但是六宝这大姑娘粗中有细,一定要根究,倘是回答了"天亮"就怎样。她不理荷花,只逼着黄道士,四大娘却在旁边呆着脸喃喃地自语道:

"豆腐店的老头子早点回答'天亮了',多么好呢!"

"哪里成? 哪里成! 他不能犯天条,天机不可泄漏! ——呀,回答了'天亮'就怎么样? 咳,咳,六宝,那就,天兵天将下来,帮着真命天子打天下!"

"哦!"

六宝还是不满意黄道士的回答,但也不再追问,只扁起了嘴唇摇头。

忽然荷花哈哈地笑了。她看见六宝那扁着嘴的神气,就想要替六宝起一个诨名。

"豆腐店的老头子也是星宿下凡的罢？喂，喂，黄道士，你怎么知道那敲门问'天亮'的就是真命天子？他是个什么样儿？"

四大娘又轻声问。

黄道士似乎不耐烦了，就冷笑着回答道：

"我怎么会知道呀？我自然会知道。豆腐店老头子么？总该有点来历。笃笃笃，天天这么敲着他的店板。懂么？敲他的店板，不敲别人家的！'天亮了没有？天亮了没有？'天天是问这一句！老头子就听得声音，并没见过面。他敢去偷看么？不行！犯了天条，雷打！不过那一定是真命天子！"

说到最后一句，黄道士板着脸，又瞪大了眼睛，那神气很可怕。听的人都觉得毛骨悚然，就好像听得那笃笃的叩门声。

西北风扑面吹来，那四个人都冷得发抖。六宝抹下一把鼻涕，擦着眼睛，忽又问道：

"你那三个草人呢？"

"那也有道理。——有道理的！"

黄道士眨起了眼白，很卖弄似的回答。随即他举起左手，伸出一个中指，向北方天空连指了几下，他的脸色更严重了。三个女人的眼光也跟着黄道士的中指一齐看着那天空的北方。四大娘觉得黄道士的瘦黑指头就像在空中戳住了什么似的，她的心有点跳。

"哪一方出真命天子，哪一方就有血光！懂么？血光！"

黄道士看着那三个女人厉声说，眼睛瞪得更大。

三个女人都吃了一惊。究竟"血光"是什么意思，她们原也不很明白。但在黄道士那种严重的口气下,她们就好像懂得了。特别是那四大娘,忽然福至心灵,晓得所谓"血光"就是死了许多人,而且一定要死许多人,因为出产真命天子的地方不能没有代价。

黄道士再举起左手,伸出中指,向北方天空指了三下。四大娘的心就是扑扑扑地三跳。蓦地黄道士回手指着自己的鼻子,闷着声音似的又说道:

"这里,这里,也有血光!半年罢,一年罢,你们都要做刀下的鬼,村坊要烧白!"

于是他低下了头,嘴唇翕翕地动,像是念咒又像是抖。

三个女人都叹了一口气。荷花看着六宝,似乎说:"先死的,看是你呢是我!"六宝却钉住了黄道士的面孔看,有点不大相信的样子。末了,四大娘绝望似的吐出了半句:

"没有救星了么?那可——"

黄道士忽然跳起来,吵架似的呵斥道:

"谁说!我叫三个草人去顶刀头了!七七四十九天,还差几天。——把你的时辰八字写来,外加五百钱,草人就替了你的灾难,懂么?还差几天。"

"那么真命天子呢,几时来?"

荷花又觉得尾尻骨上隐隐有点痛,便又提起了这话来。

黄道士瞪大了眼睛向前看,好像没有听得荷花那句话。北风劈面吹来,吹得人流眼泪了。那边张家坟上的许多松树呼呼地响着。黄道士把中指在眼眶上抹了一下,就板起面孔说道:

"几时来么?等那边张家坟的松树都死光了,那时就来!"

"呵,呵,松树!"

三个女人齐声喊了起来。她们的眼里一齐闪着恐惧和希望的光。少了一棵松树就要受张剥皮的压迫,她们是恐惧的;然而这恐惧后面就伏着希望么?这样在恐惧与希望的交织线下,她们对于黄道士的信口开河,就不知不觉发生了多少信仰。

三

四大娘心魂不定了好几天。因为她的丈夫阿四还想种"租田",而她的父亲张财发却劝她去做女佣,——吃出一张嘴,多少也还有几块钱的工钱。她想想父亲的话不错。但是阿四不种田又干什么呢?男人到镇上去找工作,比女人还难。要是仍旧种田,那么家里就需要四大娘这一双做手。

多多头另是一种意见,他气冲冲地说:

"租田来种么?你做断了背梁骨还要饿肚子呢!年成好,一亩田收了三担米,五亩田十五担,去了'一五得五,三五十五'六石五斗的租米,剩下那么一点儿留着自家吃罢,可是欠出的债要不要利息,肥料要不要本钱?你打打算盘刚好是白做,自家连粥也没得吃!"

阿四苦着脸不作声。他也知道种租田不是活路。四大娘做女佣多少能赚几个钱,就是他自己呢,做做短工也混一口饭,但是有个什么东西梗在他的心头,他总觉得那样办就是他这一世完了。他望着老婆的脸,等待她的主意。多多头却又接着说道:

"不要三心两意了!现在——田,地,都卖得精光,又欠了一身的债,这三间破屋也不是自己的,还死守在这里干么?依我说,你们两个到镇上去'吃人家饭',老头子借的债,他妈的,不管!"

"小宝只好寄在他的外公身边,——"

四大娘惘然呐出了半句,猛地又缩住了。"外公"也没有家。

也是"吃人家饭",况且已经为的带着小孙子在身边,"东家"常有闲话,再加一个外孙,恐怕不行罢?也许会连累到外公打破饭碗。镇上人家都不喜欢雇了个佣人却带着小孩。……想到这些,四大娘就觉得"吃人家饭"也是为难。

"我都想过了,就是小把戏没有地方去呀!"

阿四看着他老婆的面孔说,差不多要哭出来。

"嘿嘿!你这样没有主意的人,少有少见!我带了小宝去,包你有吃有穿!到底是十二岁的孩子,又不是三岁半要吃奶的!"

多多头不耐烦极了,就像要跟他哥哥吵架似的嚷着。

阿四苦着脸只是摇头。四大娘早已连声反对了:

"不行,不行!我不放心!唉,唉,像个什么!一家人七零八落!一份人家拆散,不行的!怎么就把人家拆散?"

"哼,哼,乱世年成,饿死的人家上千上万,拆散算得什么!这年成死一个人好比一条狗,拆散一下算得什么!"

多多头暴躁地咬着牙齿说。他睁圆了眼睛看着他的哥哥嫂嫂,怒冲冲地就像要把这一对没有主意的人儿一口吞下去。

因为多多头发脾气,阿四和四大娘就不再开口了。他们却也觉得多多头这一番怒骂爽辣辣地怪受用似的。梗在阿四心头的那块东西,——使他只想照老样子种田,即使是种的租田,使他总觉得"吃人家饭"不是路,使他老是哭丧着脸打不起主意的那块东西,现在好像被多多头一脚踢破露出那里边的核心。原来就是"不肯拆散他那个家"!

因为他们向来有一个家,而且还是"自田自地"过得去的家,他们就以为做人家的意义无非为要维持这"家",现在要他们拆散了这家去过"浮尸"样的生活,那非但对不起祖宗,并且也对不起他们的孩子——小宝。"家",久已成为他们的信仰。刚刚变成为无产无家的他们怎样就能忘记了这久长生根了的信仰呵！

然而多多头的话却又像一把尖刀戳穿了他们的心，——他们的信仰。"乱世年成，人家拆散，算得什么呢！死一个人，好比一条狗！"四大娘愈想愈苦，就哭起来了。

"多早晚真命天子才来呢？黄道士的三个草人灵不灵？"

在悲泣中，她又这么想，仿佛看见了一道光明。

四

一天一天更加冷了。也下过雪。菜蔬冻坏了许多。村里人再没有东西送到镇上去换米了，有好多天，村和镇断绝了交通。全村的人都在饥饿中。

有人忽然发现了桑树的根也可以吃，和芋头差不多。于是大家就掘桑根。

四大娘看见了桑根就像碰见了仇人。为的他家就伤在养蚕里，也为的这块桑地已经抵给债主。虽然往常她把桑树当作性命。

村里少了几个青年人：六宝的哥哥福庆，和镇上张剥皮闹过的李老虎，还有多多头，忽然都不知去向。但村里人谁也不关心；他们关心的，倒是那张家坟园里的松树。即使是下雪天，也有人去看那坟上的松树到底还剩几棵。上次黄道士那一派胡言早就传遍了全村，而且很多人相信。

黄道士破屋里的三个草人身上渐渐多些纸条，写着一些村里人的"八字"。四大娘的儿子小宝的"八字"也在内。四大娘还在设法再积五百个钱也替她丈夫去挂个纸条儿。

女人中间就只有六宝不很相信黄道士的浑话。可是她也不在村里了。有人说她到上海去"进厂"了,也有人说她就在镇上。

将近"冬至"的时候,忽然村里又纷纷传说,真命天子原来就出在邻村,叫作七家浜的小地方。村里的赵阿大就同亲眼看过似的,在稻场上讲那个"真命天子"的故事。

"不过十一二岁呢,和小宝差不多高。也是鼻涕拖有寸把长……"

站在旁边听的人就轰然笑了。赵阿大的脸立刻涨红,大声喊道:

"不相信,就自己去看罢!'真人不露相'?嗨,这就叫作'真人不露相'!慢点儿,等我想一想。对了,是今年夏天的时候,这孩子,真命天子,一场大病,死去三日三夜。醒来后就是'金口'了!人家本来也不知道,八月半那天,他跟了人家去拔芋头,田塍上有一块大石头——就是大石头,他喊一声'滚开',当真!那石头就骨碌碌地滚开了!他是金口!"

听的人都睁大了眼睛看着赵阿大,又转脸去看四大娘背后的瘦得不成样子的小宝。

有人松一口气似的小声说:

"本来真命天子早该出世了!"

"金口还说了些什么?阿大!"

阿四不满足地追问。但是赵阿大瞪出了眼睛,张大着嘴巴,没有回答。他是不会撒谎的,有一句说一句不能再添多。过一会儿,他发急了似的乱嚷道:

"各村坊里都讲开了,'人'是在那里!十一二岁,拖鼻涕,跟小宝差不多!"

"唉!还只得十一二岁!等到他坐龙庭,我的骨头快烂光了!"

四大娘忽然插嘴说,怕冷似的拱起了两个肩膀。

"谁说！当作是慢的,反而快！有文曲星武曲星帮忙呢！福气大的人,十一二岁也就坐上龙庭了！要等到你骨头烂,大家都没命了！"

荷花找到机会,就跟四大娘抬杠。

"你也是'金口'么？不要脸！"

四大娘回骂,心里也觉得荷花的话大概不错,而且盼望它不错,可是当着么多人面前,四大娘嘴里怎么肯认输。这两个女人又要吵起来了。黄道士一向没开口,这时他便拦在中间说道:

"自家人吵什么！可是,阿大,七家浜离这里多少路！不到'一九'罢？那,我们村坊正罩在'血光'里了！几天前,桥头小庙里的菩萨淌眼泪,河里的水发红光,——哦！快了！半年,一年！——记牢！"

最后两个字像猫头鹰叫,听的人都打了个寒噤,希望中夹着害怕。黄道士三个古怪草人都浮出在众人眼前了,草人上挂着一些纸条。于是已经花了五百文的人不由得松一口气,虔诚地望着黄道士的面孔。

"这几天里,松树砍去了三棵！"

荷花喃喃地说,脸向着村北的一团青绿的张家坟。

大家都会意似的点头。有几个嘴里放出轻松的一声嘘。

赵阿大料不到真命天子的故事会引出这样严重的结果,心里着实惊慌。他还没在黄道士的草人身上挂一纸条儿,他和老婆为了这件事还闹过一场,现在好像要照老婆的意思破费几文了。五百个钱虽是大数目,可是他想来倒还有办法。保卫团捐,他已经欠了一个月,爽性再欠一个月,那不就有了么？派到他头上的捐是第三等,每月一角。

不单是赵阿大存了这样的心。早已有人把保卫团捐移到黄道士的草人身上了。他们都是会打算盘的：保卫团捐是每月一角，——也有的派到每月二角，可是黄道士的草人却只要一次的五百文就够了，并且村里人也不相信那驻在村外三里远的土地庙里的什么"三甲联合队"的三条枪会有多少力量。在乡下人眼里，那什么"三甲联合队"队长，班长，兵，共计三人三条枪，远不及黄道士的三个草人能够保佑村坊。

他们也不相信那"三甲联合队"真是来保卫他们什么。那三条枪是七月里来的，正当乡下人没有饭吃，闹哄哄地抢米的时候，饭都没得吃的人，还有什么值钱的东西要保卫么？

可是那"三甲联合队"三个人"管"的事却不少。并且管事的本领也不小。虽然天气冷，他们三个人成天躲在庙里，他们也知道七家浜出了"真命天子"，也知道黄道士家里有什么草人，并且那天赵阿大他们在稻场上说的那些话也都落到他们三个人耳朵里了。

并且，村里的人不缴保卫团捐却去送钱给黄道士那三个草人的事，也被"三甲联合队"的三个人知道了！

就在赵阿大讲述"真命天子"故事的三四天以后，"三甲联合队"也把七家浜那个"金口"的拖鼻涕孩子验明本身捉到那土地庙里来了。

这是在微雨的下午，天空深灰色，雨有随时变作雪的样子。土地庙里暗得很。"三甲联合队"的全体——队长，班长，和士兵，一共三个人，因为出了这一趟远差，都疲倦了，于是队长下命令，就把那孩子锁在土地公公的泥腿上，班长改作"值日官"，士兵改作门岗兼"卫兵"，等到明天再报告基干队请示发落。

那拖鼻涕的"真命天子"蹲在土地公公泥脚边悄悄地哭。

队长从军衣袋掏出一支香烟来,烟已经揉曲了,队长慢慢地把它弄直,吸着了,喷一口烟,就对那"值日官"说道:

"咱们破了这件案子,您想来该得多少奖赏?"

"别说奖赏了,听说基干队的棉军衣还没着落。"

值日官冷冷地回答。于是队长就皱着眉头再喷一口烟。

天色更加黑了,值日官点上了洋油灯,正想去权代那"卫兵"做"门岗",好替回那"卫兵"来烧饭,忽然队长双手一拍,站起来拿那洋油灯照到那"真命天子"的脸上,用劲地看着。看了一会儿,他就摆出老虎威风来,唬吓那孩子道:

"想做皇帝么?你犯的杀头罪,杀头,懂得么?"

孩子不敢再哭,也不说话,鼻涕拖有半尺长。

"同党还有谁?快说!"

值日官也在旁边吆喝。

回答是摇头。

队长生气了,放下洋油灯,抓住了那孩子的头发往后一揿,孩子的脸就朝上了,队长狞视着那拖鼻涕的脏瘦脸儿,厉声骂道:

"没有耳朵么?谁是同党?招出来,就不打你!"

"我不知道哟!我只知道拾柴捉草,人家说我的什么,我全不知道。"

"浑蛋!那就打!"

队长一边骂,一边就揪住那孩子的头到土地公公的泥腿上重重地碰了几下。孩子像杀猪似的哭叫了。土地公公腿上的泥簌簌地落在孩子的头上。

值日官背卷着手,侧着头,瞧着土地公公脸上蛀剩一半的白胡子。他知道队长的心事,他又瞧出那孩子实在笨得不像人样。等队长怒气稍平,他扯着队长的衣角,在队长耳边轻轻说了一句,两个人就踅到一边去低声商量。

孩子头上肿高了好几块,睁大着眼睛发愣,连哭都忘记了。

"明天把黄道士捉来,就有法子好想。"

值日官最后这么说了一句,队长点头微笑。再走到那孩子跟前,队长就不像刚才那股凶相,倒很和气地说:

"小孩子,你是冤枉了,明天就放你回去。可是你得告诉我,村里哪几家有钱?要是你不肯说,好,再打!"

突然队长的脸又绷紧了,还用脚跺一下。

孩子仰着脸,浑身都抖了。抖了一会儿,他就摇头,一边就哭。

"贱狗!不打不招!"

队长跺着脚咆哮。值日官早拾起一根木柴,只等队长一声命令,就要打了。

但是庙门外蓦地来了一声狂呼,队长和值日官急转脸去看时,灯光下照见他们那卫兵兼门岗抱着头飞奔进来,后边是黑魆魆几条人影子。值日官丢了木柴就往土地公公座边的小门跑了。队长毕竟有胆,哼了一声,跳起来就取那条挂在泥塑"功曹"身上的快枪,可是枪刚到手,他已经被人家拦腰抱住,接着是兜头吃了一锄头,不曾再哼得一声,就死在地上。

卫兵被陆福庆捉住,解除了他身上的子弹带。

"逃走了一个!"

多多头抹着脸,大声说。队长脑袋里的血溅了多多头一脸和半身。

"三条枪全在这里了。子弹也齐全。逃走的一个,饶了他罢。"

这是李老虎的声音。接着,三个人齐声哈哈大笑。

多多头揪断了那"真命天子"身上的铁链,也拿过洋油灯来照他的脸。这孩子简直吓昏了,定住了眼睛,牙齿抖得格格地响。陆福庆和李老虎搀他起来,又拍着他的胸脯,揪他的头发。孩子惊魂中醒过来,第一声就哭。

多多头放下洋油灯,笑着说道:

"哈哈!你就是什么真命天子么?滚你的罢!"

这时庙门外风赶着雪花,磨旋似的来了。

一九三三年

创造

一

靠着南窗的小书桌，铺了墨绿色的桌布，两朵半开的红玫瑰从书桌右角的淡青色小瓷瓶口边探出来，宛然是淘气的女郎的笑脸，带了几分"你奈我何"的神气，冷笑着对角的一叠正襟危坐的洋装书，它们那种道学先生的态度，简直使你以为一定不是脱不掉男女关系的小说。赛银墨水盒横躺在桌子的中上部，和整洁的吸墨纸版倒成了很合适的一对。纸版的一只皮套角里含着一封旧信。那边西窗下也有个小书桌。几本卷皱了封面的什么杂志，乱丢在桌面，把一座茶绿色玻璃三棱形的小寒暑表也推倒了；金杆自来水笔的笔尖吻在一张美术明信片的女子的雪颊上。其处凝结了一大点墨水，像是它的黑泪，在悲伤它的笔帽的不知去向；一只刻镂得很精致的象牙的兔子，斜起了红眼睛，怨艾地瞅着旁边的展开一半的小纸扇，自然为的是纸扇太无礼，把它挤倒了，——现在它撒娇似的横躺着，露出白肚皮上的一行细绿字："娴娴三八初度纪念。她的亲爱的丈夫君实赠"。然而"丈夫"二字像是用刀刮过的。

织金绸面的沙发榻蹲在东壁正中的一对窗下，左右各有同式的沙发椅做它的侍卫。更左，直挺挺贴着墙壁的，是一口两层的木橱，上半层较狭，有一对玻璃门，但仍旧在玻璃片后衬了紫色绸。和这木橱对立的，在右首的沙发椅之右，是一个衣架，擎着雨衣斗篷帽子之类。再过去，便是东壁的右窗；当窗的小方桌摆着茶壶茶杯香烟盒等什物。更过去，到了壁角，便是照例的梳妆台了。这里有一扇小门，似乎是通到浴室的。椭圆大镜门的衣橱，背倚北壁，映出西壁正中一对窗前的大柚木床，和那珠络纱帐子，和睡在床上的两个人。和衣橱成西斜角的，是房门，现在严密地关着。

　　沙发榻上乱堆着一些女衣。天蓝色沙丁绸的旗袍，玄色绸的旗马甲，白棉线织的胸褡，还有绯色的裤管口和裤腰都用宽紧带的短裤：都卷作一团，极像是洗衣作内正待落漂白缸，想见主人脱下时的如何匆忙了。榻下露出镂花灰色细羊女皮鞋的发光的尖头；可是它的同伴却远远地躲在梳妆台的矮脚边，须得主人耐烦地去找。床右，近门处，是一个停火几，琥珀色绸罩的台灯庄严地坐着，旁边有的是：角上绣花的小手帕，香水纸，粉纸，小镜子，用过的电车票，小银元，百货公司的发票，寸半大的皮面金头怀中记事册，宝石别针，小名片，——凡是少妇手袋里找得出来的小物件，都在这里了。一本展开的杂志，靠了台灯的支撑，又牺牲了灯罩的正确的姿势，异样地直立着。台灯的古铜座上，有一对小小的展翅作势的鸽子，侧着头，似乎在猜详杂志封面的一行题字：《妇女与政治》。

　　太阳光透过了东窗上的薄纱，洒射到桌上椅上床上。这些木器，本来是漆的奶油色，现在都镀上了太阳的斑驳的黄金了。突然一辆急驰的汽车的啵啵的声音——响得作怪,似乎就在楼下,——惊醒了床上人中间的一个。他睁开倦眼,身体微微一动。浓郁的发香,冲入他的鼻孔;他本能地转过头去,看见夫人还没醒,两颊绯红,像要喷出血来。身上的夹被,早已撩在一边,这位少妇现在是侧着身子;只穿了一件羊毛织的长及膝弯的贴身背心(vest),所以臂和腿都裸浴在晨气中了,珠络纱筛碎了的太阳光落在她的白腿上就像是些跳动的水珠。

——太阳光已经到了床里,大概是不早了呵。

君实想,又打了个呵欠。昨晚他睡得很早。夫人回来,他竟完全不知道;然而此时他还觉得很倦,无非因为今晨三点钟醒过来后,忽然不能再睡,直到看见窗上泛出鱼肚白色,才又曚曚地像是睡着了。而且就在这半睡状态中,他做了许多短短的不连续的梦;其中有一个,此时还记得个大概,似乎不是好兆。他重复闭了眼,回想那些梦,同时轻轻地握住了夫人的一只手。

梦,有人说是日间的焦虑的再现,又有人说是下意识的活动;但君实以为都不是。他自说,十五岁以后没有梦;他的夫人就不很相信这句话:

"梦是不会没有的,大概是醒后再睡时遗失了。"她常常这样说。

"你是多梦的;不但睡时有梦,开了眼你还会做梦呵!"君实也常常这么反驳她。

现在君实居然有了梦,他自觉是意外;并且又证明了往常确是无梦,不是遗忘。所以他努力要回忆起那些梦来,以便对夫人讲。即使是这样的小事情,他也不肯轻轻放过;他不肯让夫人在心底里疑惑他的话是撒谎;他是要人时时刻刻信仰他看着他听着他,摊出全灵魂来受他的拥抱。

他轻快地吐了口气,再睁开眼来,凝视窗纱上跳舞的太阳光;然后,沙发榻上的那团衣服吸引了他的视线,然后,迅速地在满房间掠视一周,终于落在夫人的脸上。不知道为什么,这位熟睡的少妇,现在眉尖半蹙,小嘴唇也闭合得紧紧的,正是昨天和君实怄气时的那副面目了。近来他们俩常有意见上的不合;娴娴对于丈夫的议论常常提出反驳,而君实也更多地批评夫人的行动,有许多批评,在娴娴看来,简直是故意立异。娴娴的女友李小姐,以为这是娴娴近来思想进步,而君实反倒退步之故。这个论断,娴娴颇以为然;君实却绝对不承认,他心里暗恨李小姐,以为自己的一个好好的夫人完全被她教唆坏了,昨天便借端发泄,很犀利地把李小姐批评了一番,最使娴娴不快的,是这几句:

"……李小姐的行为,实在太像滑头的女政客了。她天天忙着所谓政治活动,究竟她明白什么是政治?娴娴,我并不反对女子留心政治,从前我是很热心劝诱你留心政治的,你现在总算是知道几分什么是政治了。但要做实际活动——嘿!主观上能力不够,客观上条件未备。况且李小姐还不是把政治活动当作电影跳舞一样,只是新式少奶奶的时髦玩意罢了。又说女子要独立,要社会地位,咳,少说些门面话罢!李小姐独立在什么地方?有什么社会地位?我知道她有的地位是在卡尔登,在月宫跳舞场!现在又说不满于现状,要革命;咳,革命,这一向看厌了革命,却不道还有翻新花样的在影戏院跳舞场里叫革命!……"

君实说话时的那种神气——看定了别人是永远没出息的神气,比他的保守思想和指桑骂槐,更使娴娴难受;她那时的确动了真气。虽然君实随后又温语抚慰,可是娴娴整整有半天纳闷。

现在君实看见夫人睡中犹作此态,昨日的事便兜上心头;他觉得夫人是精神上一天一天地离开他,觉得自己再不能独占了夫人的全灵魂。这位长久拥抱在他思想内精神内的少妇,现在已经跳了出去,有自己的思想,自己的见解了。这在自负很深的君实,是难受的。他爱他的夫人,现在也还是爱;然而他最爱的是以他的思想为思想以他的行动为行动的夫人。不幸这样的黄金时代已成过去,娴娴非复两年前的娴娴了。

想到这里,君实忍不住微微喟了口气。他又闭了眼,冥想夫人思想变迁的经过。他记得前年夏天在莫干山避暑的时候,娴娴曾就女子在社会中应尽的职务一点发表了独立的意见;难道这就是今日趋向各异的起点么?似乎不是的,那时娴娴还没认识李小姐;似乎又像是的,此后娴娴确是一天一天地不对了。最近的半年来,她不但思想变化,甚至举动也失去了优美细腻的常态,衣服什物都到处乱丢,居然是"成大事者不修边幅"的气派了。君实本能地开眼向房中一瞥,看见他自己的世界缩小到仅存南窗下的书桌;除了这一片"干净土",全房到处是杂乱的痕迹,是娴娴的世界了。

在沉郁的心绪中,君实又回忆起娴娴和他的一切琐屑的龃龉来。莫干山避暑是两心最融洽的时代,是幸福的顶点,但命运的黑丝,似乎也便在那时走进了他们的生活;似乎娴娴的变态,最初是在趣味方面发动的,她渐渐地厌倦了静的优雅的,要求强烈的刺激,因此在起居服用上常常和君实意见相反了。买一件衣料,看一次影戏,上一回菜馆,都成为他们俩争执的题材;常常君实喜欢甲,娴娴偏喜欢乙,而又不肯各行其是,各人要求自己的主张完全胜利。结果总是牺牲了一方面。因为他们都觉得"各行其是"的办法徒然使两人都感不快,倒不如轮替着都有失败都有胜利。那时,胜利者固然很满意,失败者亦未始没有相当的报偿,事过后的求谅解的甜蜜的一吻便是失败者的愉快。这样的争执,当第一二次发生时,两人的确都曾认真的烦恼过,但后来发现了和解时的彻骨的美趣,他们又默认这也是爱的生活中不可少的波澜。所以在习惯了以后,君实常常对娴娴说:

"这回又是你得了胜利了。但是,漂亮的少奶奶,娇养的小姐,你不要以为你的胜利是合理的,是久长的。"

于是在软颤的笑声中,娴娴偎在君实的怀中,给他一个长时间的吻。这是她的胜利的代价,也是她对于丈夫为爱而让步的热忱的感谢。

但是不久这种爱的戏谑的神秘性也就磨钝了。当给与者方面成为机械的照例的动作时,受者方面便觉得嘴唇是冷的,笑是假的,而主张失败的隐痛却在心里跳动了,况且娴娴对于自己的主张渐渐更坚持,差不多每次非她胜利不可,于是本不愿意的"各行其是"也只好实行了。这便是现在君实在卧室中的势力范围只剩了一个书桌的原因之一。

思想上的不同,也慢慢地来了。这是个无声的痛苦的斗争。君实曾经用尽能力,企图恢复他在夫人心窝里的独占的优势,然而徒然。娴娴的心里已经有一道坚固的壁垒,顽抗他的攻击;并且娴娴心里的新势力又是一天一天扩张,驱逼旧有者出来。在最近一月中,君实几次感到了自己的失败。他承认自己在娴娴心中的统治快要推翻,可是他始终不很明白,为什么两年前他那样容易地取得了夫人的心,占有了她的全灵魂,而现在却失之于不知不觉,并且恢复又像是无望的。两年前夫人的心,好比是一块海绵,他的每一滴思想,碰上就被吸收了去,现在这同一的心,却不知怎的已经变成一块铁,虽然他用了热情的火来锻炼,也软化不了它。"神秘的女子的心呵!"君实纳闷时常常这样想。他现在唯一的办法是讽刺;希望讽刺的酸味或者可以溶解了娴娴心里的铁。于是李小姐成了讽刺的目标。君实认定夫人的心质的变化，完全是李小姐从中作怪。有时他也觉得讽刺不是正法，许会使娴娴更离他远些。但是，除了这条路更没有别的方法了。"呵，神秘的女子的心！"他只能叹着气这么想。

君实陡然烦躁起来了。他抖开了身上的羊毛毯，向床沿翻过身去；他竟忘记了自己的左手还握住了夫人的一只手。娴娴也惊醒了。她定了下神，把身子挪近丈夫身边，又轻轻的翘起头来，从丈夫的肩头瞧他的脸。

君实闭了眼不动。他觉得有一只柔软的臂膊放到胸口来了。他又觉得耳根边被毛茸茸的细发拂着作痒了。他还是闭着眼不动，却聚集了全身的注意力，在暗中伺察。俄而，竟有暖烘烘的一个身体压上来，另一个心的跳声也清晰地听得；君实再忍不住了，睁开眼来，看见娴娴用两臂支起了上半身，面对面的瞧着他的脸，像一只猫侦伺一只诈死的老鼠。君实不禁笑了出来。

"我知道你是假睡咧。"

娴娴微笑地说，同时双臂一松，全身落在君实的怀中了。女性的肉的活力，从长背心后透出来，沦浃了君实的肌骨；他委实有些摇摇不能自持了。但随即一个作痛的思想抓住了他的心：这温软的胸脯，这可爱的面庞，这善蹙的长眉，这媚眼，这诱人的熟透樱桃似的嘴唇——一切，这迷人的一切，都是属于他的，确确实实属于他的，然而在这一切以内，隐藏得很深的，有一颗心，现在还感得它的跳动的心，却不能算是属于他的了！他能够接触这名为娴娴的美丽的形骸，但在这有形的娴娴之外，还有一个无形的娴娴——她的灵魂，已经不是他现在所能接触了！这便是所谓恋爱的悲剧么？在恋爱生活中，这也算是失恋么？

他无法排遣似的忍痛地想着,不理会娴娴的疑问的注视。突然一只手掩在他的眼上;细而长的手指映着阳光,仿佛是几枝通明的珊瑚梗。而在那柔腴的手腕上,细珍珠穿成的手串很熨贴地围绕着,凡三匝。这是他们在莫干山消夏的纪念品,前几天断了线,新近才换好的。君实轻轻地拉下了娴娴的手。细珍珠给他的手指一种冷而滑的感觉。他的心灵突然一震。呵,可纪念的珠串!可纪念的已失的莫干山的快乐!祝福这再不能回来的快乐!

君实的眼光惘惘然在这些细珠上徘徊了半晌,然后,像感触了什么似的,倏地移到娴娴的脸上。这位少妇的微带惺忪的眼睛却也正在有所思的对他看。

"我们过去的生活,哪些日子你觉得顶快活?"

君实慢慢地说,像是每个字都经过深长地咀嚼的。

"我觉得现在顶快活。"

娴娴笑着回答,把她的身体更贴紧些。

"你不要随口乱说哟。娴娴,想一想罢——仔细地想一想。"

"那么,我们结婚的第一年——半年,正确地说,是第一个月,最快活。"

"为什么?"

娴娴又笑了。她觉得这样的考试太古怪。

"为什么?不为什么。只因为那时候我的经验全是新的。我以前的生活,好像是一页空白,到那时方才填上了色彩。以前的生活,现在回想起来,并不感到特别兴味,而且也很模糊了。只有结婚后的生活——唔,应该说是结婚后第一个月,即使是顶琐细的一衣一饭,我似乎都记得明明白白。"

君实微笑着点头,过去的事也再现在他眼前了。然而接踵来了感伤。难道过去的欢乐就这么永远过去,永远唤不回来么?

"那么,你呢?你觉得——哪些日子顶快活?"

娴娴反问了。她把左手抚摩君实前额的头发,让珍珠手串的短尾巴在君实眉间晃荡。

"我不反对你的话,但是也不能赞成。在我,新结婚的第一年——或照你说,第一月,只是快乐的起点,不是顶点。我想把你造成为一个理想的女子,那时正是我实现我的理想的开端,有很大的希望鼓舞着,但并未达到真正的快乐。"

"我听你说过这些话好几次了。"

娴娴淡淡地插进来说。虽然从前听得了这些话,也是"有很大的希望鼓舞着",但现在却不乐意听说自己被按照了理想而创造。

"可是你从来没问过我的理想究竟是成功呢抑是失败。娴娴,我的理想是成功的,但是也失败了。莫干山避暑的时候,你的创造刚好成功。娴娴,你记得我们在银铃山瀑布旁边大光石头上的事么?你本来是颇有些拘束的,但那时,我们坐在瀑布旁边,你只穿了件 vest,正和你现在一样。自然这是一件小事,但很可以证明你的创造是完成了,我的理想是实现了。"

君实突然停止,握住了娴娴的臂膊,定着眼睛对她瞧。这位少妇现在脸上热烘烘了;她想起了当时的情形,她转又自怪为什么那时对于此等新奇的刺激并不感得十分的需要。如果在现今呀……

但是君实早又继续说下去了:

"我的理想是实现了,但又立即破碎了!我已经引满了幸福之杯。以前,我们的生活路上,是一片光明,以后是光明和黑暗交织着了。莫干山成了我们生活上的分水岭。从山里回来,你就渐渐改变了。娴娴,你是从那时起,一点一点地改变了。你变成了你自己,不是我所按照理想创造成的你了。我引导你所读的书,在你心里形成了和我各别的见解;我真不知道是怎么一回事,我不相信书里的真理会有两个。娴娴,你是在书本子以外——在我所引导的思想以外,又受了别的影响,可是你破坏了你自己!也把我的理想破坏了!"

君实的脸色变了,又闭了眼;理想的破灭使他十分痛苦,如梦的往事又加重了他的悒闷。

二

君实在二十岁时,满脑子装着未来生活的憧憬。他常常自说,二十岁是他的大纪念日;父亲死在这一年,遗给他一份不算小的财产,和全部的生活的自由。虽然只有二十岁,却没有半点浪漫的气味;父亲在日的谆谆不倦的"庭训",早把他的青春情绪剥完,成为有计划的实事求是的人。在父亲的灵床边,他就计划如何安排未来的生活;他含了哭父的眼泪,凝视未来的梦。像旅行者计划明日的行程似的,他详详细细地算定了如何实现未来的梦;他要研究各种学问,他要找一个理想的女子做生活中的伴侣,他要游历国内外考察风土人情,他要锻炼遗大投艰的气魄,他要动心忍性,他要在三十五六年富力强意志坚定的时候生一子一女,然后,过了四十岁为祖国为社会为人类服务。

这些理想,虽说是君实自己的,但也不能不感谢他父亲的启示。自从戊戌政变那年落职后,老人家就无意仕进,做了"海上寓公",专心整理产业,管教儿子。他把满肚子救国强种的经纶都传授了儿子,也把这大担子付托了儿子。他老了,少壮时奔走衣食,不曾定下安身立命的大方针,想起来是很后悔的,所以时常教儿子先须"立身"。他也计划好了儿子将来的路,他也要照自己的理想来创造他的儿子。他只创造了一半,就放手去了。

君实之禀有父亲的创造欲的遗传,也是显然的。当他选择终身的伴侣时,很费了些时间和精神;他本有个"理想的夫人"的图案,他将这图案去校对所有碰在他生活路上的具有候补夫人资格的女子,不知怎的,他总觉得不对——社会还没替他准备好了"理想的夫人"。蹉跎了五六年工夫,亲戚们为他焦虑,朋友们为他搜寻,但是他总不肯决定。后来他的"苛择"成了朋友间的谭助,他们见了君实时,总问他有没有选定,但答案总是摇头。一天,他的一个旧同学又和他谈起了这件事:

"君实,你选择夫人,总也有这么六七年了罢;单就我介绍给你的女子,少说也有两打以上了,难道竟没有一个中意的么?"

"中意的是尽有,但合于理想的却没有一个。"

"中意不就是合于理想么?有分别么?倒要听听你的界说了。"

"自然有分别的。"君实微微笑地回答,"中意,不过是也还过得去而已,和理想的,差得很远哪!如果我仅求中意,何至七年而不成。"

"那么,你所谓理想的——不妨说出来给我听听罢?"

旧同学很有兴味地问;他燃着了一支烟卷,架起了腿,等待着君实的高论。

"我所谓理想的,是指她的性情见解在各方面都和我一样。"君实还是微微笑地说。

"没有别的条件——咳,别的说明了么?"

"没有。就是这简单的一句话。"

旧同学很失望似的看着君实,想不到君实所谓"理想的",竟是如此简单而且很像不通的。但他转了话头又问:

"性情见解相同的,似乎也不至于竟没有罢;我看来,张女士就和你很配,王女士也不至于和你说不来。为什么你都拒绝了呢?"

"在学问方面讲,张女士很不错;在性情方面讲,王女士是好的。但即使她们俩合而为一,也还不是我的理想。她们都有若干的成见——是的,成见,在学问上在事物上都有的。"

旧同学不得要领似的睁大了惊异的眼。

"我所谓成见,是指她们的偏激的头脑。是的,新女子大都有这毛病。譬如说,行动解放些也是必要的,但她们就流于轻浮放浪了;心胸原要阔大些,但她们又成为专门骛外,不屑注意家庭中为妻为母的责任;旧传统思想自然要不得的,不幸她们大都又新到不知所云。"

"哦——这就难了;但是,也不至于竟没有罢?"

旧同学沉吟地说;他心里却想道:原来理想的,只是这么一个半新不旧的女子!

"可是你不要误会我是宁愿半新不旧的女子。"君实再加以说明,似乎他看见了旧同学的思想。"不是的。我是要全新的,但是不偏不激,不带危险性。"

"那就难了。混乱矛盾的社会,决产生不出这样的女子。"

君实同意地点着头。

"你不如娶一个外国女子罢。"旧同学像发现了新理论似的高声说,"英国女子,大都是合于你的想象的。得了,君实,你可以留意英国女子。你不是想游历欧洲么,就先到伦敦去找去。"

"这原是一条路,然而也不行。没有中国民族性做背景,没有中国五千年文化做遗传的外国女子,也不是我的理想的夫人。"

"呵!君实!你大概只好终身不娶了!或者是等到十年二十年后,那时中国社会或者会清明些,能够产生你的理想的夫人。"

旧同学慨叹似的做结论,意要收束了本问题的讨论;但君实却还收不住,他竖起大拇指霍地在空中画了个半圆形,郑重地说:

"也不然。我现在有了新计划了。我打算找一块璞玉——是的,一块璞玉,由我亲手雕琢而成器。是的,社会既然不替我准备好了理想的夫人,我就来创造一个!"

君实眼中闪着踌躇满志的光,但旧同学却微笑了:创造一个夫人?未免近于笑话罢?然而君实确是这么下了决心了。他早已盘算过:只要一个混沌未凿的女子,只要是生长在不新不旧的家庭中,即使不曾读过书,但得天资聪明,总该可以造就的,即使有些传统的性习,也该容易转化的罢。

又过了一年多,君实居然找得了想象中的璞玉了,就是娴娴,原是他的姨表妹;他的理想的第一步果然实现了。

娴娴是聪明而豪爽,像她的父亲;温和而精细,像她的母亲。她从父亲学通了中文,从母亲学会了管理家务。她有很大的学习能力;无论什么事,一上了手,立刻就学会了。她很能感受环境的影响。她实在是君实所见的一块上好的"璞玉"。在短短的两年内,她就读完了君实所指定的书,对于自然科学,历史,文学,哲学,现代思潮,都有了常识以上的了解。当她和君实游莫干山的时候,在那些避暑的"高等华人"的太太小姐队中,她是个出色的人儿;她的优雅的举止,有教育的谈吐,广阔的知识,清晰的头脑,活泼的性情,都证明她是君实的卓绝的创造品。

虽则如此,在创造的过程中,君实也煞费了苦心。

娴娴最初不喜欢政治,连报纸也不愿意看;自然因为她父亲是风流名士,以政治为浊物,所以娴娴是没有政治头脑的遗传的。君实却素来留心政治,相信人是政治的动物,以为不懂政治的女子便不是理想的完全无缺的女子。他自己读过各家的政治理论,从柏拉图以至浩布士,罗素,甚至于克鲁泡特金,马克思,列宁;然而他的政治观念是中正健全的,合法的。他要在娴娴的头脑里也创造出这么一个政治观念。他对于女子的政治运动的见解,是美国总统罗斯福的:"如果大多数女子自己来要求参政权,我就给她们。"英国的已颇激烈的"蓝袜子"①的参政权运动,在君实看来是不足取的。

他抱了严父望子成名那样的热心,诱导娴娴读各家的政治理论;他要娴娴留心国际大势,用苦心去记人名地名年月日;他要娴娴每天批评国内的时事,而他加以纠正。经过了三个月的奋斗,他果然把娴娴引上了政治的路。

第二件事使君实极感困难的,是娴娴的乐天达观的性格;不用说,这是名士的父亲的遗传了。并且也是君实所不及料的。娴娴这种性格,直到结婚半年后一个明媚的四月的下午,第一次被君实发现。那一天,他们夫妇俩游龙华,坐在泥路旁的一簇桃树下歇息。娴娴仰起了面孔,接受那些悠悠然飘下来的桃花瓣。那浅红的小圆片落在她的眉间,她的嘴唇旁,她的颈际,——又从衣领的微开处直滑下去,粘在她的乳峰的上端。娴娴觉得这些花瓣的每一个轻妙的接触都像初夜时君实的抚摸,使她心灵震撼,感着甜美的奇趣,似乎大自然的春气已经电化了她身上的每一个细

---

① 蓝袜子,原指英国妇女中有学问者。后引申为自炫博学之女。

胞,每一条神经纤维,每一支极细极细的血管,以至于她能够感到最轻的拂触,最弱的声浪,使她记忆起尘封在脑角的每一件最琐屑的事。同时一种神秘的活力在她脑海里翻腾了;有无数的感想滔滔滚滚地涌上来,有一种似甜又似酸的味儿灌满了她的心;她觉得有无数的话要说,但一个字也没有。她只抓住了君实的手,紧紧地握着,似乎这便是她的无声的话语。

从路那边,来了个衣衫褴褛的醉汉,映着酡红的酒脸,耳槽里横捎着一小枝桃花,他跟跄地高歌而来,他楞起了血红的眼睛,对娴娴他们瞥了一眼,然后更提高了嗓子唱着,转向路的西头去了。

"哈,哈,哈哈!"

醉汉狂笑着睨视路角的木偶似的挺立着的哨兵。似乎他说了几句什么话。然后,他的簸荡的身形没入桃林里不见了。

"哈哈,哈,哈,哈……"

远远的还传来了渐曳渐细的笑声,像扯细了的糖丝,袅袅地在空中回旋。娴娴松了口气,把遥瞩的目光从泥路的转角收回来,注在君实的脸上。她的嘴角上浮出一个神秘的忘我的笑形。

"醉汉!神游乎六合之外的醉汉!"娴娴赞颂似的说,"这就是庄子所说的刖足的王骀,没有脚指头的叔山无趾,生大瘤的瓮䘜大瘿,那一类的人罢!……君实,你看见他的眼光么?他的对于一切都感得满足的眼光呀!在他眼前,一切我们所崇拜的,富贵,名誉,威权,美丽,都失了光彩呢。因为他是藐视这一切的,因为他是把贫富,贵贱,智愚,贤不肖,是非,大小,都一律等量齐观的,所以他对于一切都感得那样的满足罢!爸爸常说:醉中始有'全人',始有'真人',今天我才深切地体认出来了。我们,自以为聪明美丽,真是井蛙之见,我们的精神真是可笑的贫乏而且破碎呵!"

君实惊讶地看着他的夫人,没有回答。

"记得十八岁的时候,爸爸给我讲《庄子》,我听到'藐姑射仙子'那一段,我神往了;我想起人家称赞我的美丽聪明那些话,我惭愧得什么似的;我是个不堪的浊物罢哩。后来爸爸说,藐姑射仙子不过是庄生的比喻,大概是指'超乎物外'的元神;可是我仍旧觉得我自己是不堪的浊物。我常常设想,我们对于一切事物的看法,应该像是站在云端里俯瞰下面的景物,一切都是平的,分不出高下来。我曾经试着要持续这个心情,有时竟觉得我确已超出了人间世,夷然忘了我的存在,也忘了人的存在。"

娴娴凝眸望着天空,似乎她看见那象征的藐姑射仙子泠泠然御风而行就在天的那一头。

君实此时正也忙乱地思索着,他此时方才知道娴娴的思想里竟隐伏着乐天达观出世主义的毒。他回想不久以前,娴娴看了西洋哲学上的一元二元的辩论,曾在书眉上写了这么几句:"自其异者视之,肝胆楚越也。自其同者视之,万物皆一也。万物毕同毕异。"这不是庄子的话么?他又记得娴娴看了各派政论家对于"国家机能"的驳难时,曾经笑着对他说:"此一是非,彼亦一是非;都是的,也都不是的。"当时以为她是说笑,现在看来,她是有庄子思想做了底子的;她是以站在云端看"蛮、触之争"的心情来看世界的哲学问题政治争论的。君实认定非先扫除娴娴的达观思想不可了。

从那一天起,君实就苦心地诱导娴娴看进化论,看尼采,看唯物派各大家的理论。他鉴于从前把两方面的学说给她看所得的不好的结果,所以只把一方面给她了。虽然唯物主义应用在社会学上是君实自己所反对的,可是为的要医治娴娴的唯心的虚无主义的病,他竟不顾一切地投了唯物论的猛剂了。

这一度改造,君实终于又奏了凯旋。

然而还有一点小节须得君实去完工。不知道为什么,娴娴虽则落落有名士气,然而羞于流露热情。当他们第一次在街上走,娴娴总在离开君实的身体有半尺光景。当在许多人前她的手被君实握着,她总是一阵面红,于是在几分钟之后便借故洒脱了君实的手。她这种旧式女子的娇羞的态度,常常为君实所笑。经过了多方的陶冶,后来娴娴胆大些了,然而君实总还嫌她的举动不甚活泼。并且在闺房之内,她常常是被动的,也使君实感到平淡无味。他是信仰遗传学的,他深恐娴娴的腼腆的性格将来会在子女身上种下了怯弱的根性,所以也用了十二分的热心在娴娴身上做功夫。自然也是有志者事竟成呵,当他们游莫干山时,娴娴已经出落得又活泼又大方,知道了如何在人前对丈夫表示细腻的昵爱了。

现在娴娴是"青出于蓝"。有时反使君实不好意思,以为未免太肉感些,以为她太需要强烈的刺激了。

三

这么着在刹那间追溯了两年来的往事,君实懒懒地倚在床栏上,闷闷地赶不去那两句可悲的话:"你破坏了你自己,也把我的理想破坏了!"二十岁时的美妙的憧憬,现在是隔了浓雾似的愈看愈模糊了。娴娴却先已起身,像小雀儿似的在满房间跳来跳去,嘴里哼着一些什么歌曲。

太阳光已经退到沙发榻的靠背上。和风送来了远远的市嚣声,说明此时至少有九点钟了。两杯牛奶静静地候在方桌上,幽幽然喷出微笑似的热气。衣橱门的大镜子,精神饱满地照出女主人的活泼的倩影。梳妆台的三连镜却似乎有妒意,它以为照映女主人的雪肤应该是属于它的职权范围的。

房内的一切什物,浸浴在五月的晨气中,都是活力弥满的一排一排的肃静地站着,等候主人的命令。它们似乎也暗暗纳罕着今天男主人的例外的晏起。

床发出低低的叹声,抱怨它的服务时间已经太长久。

然而坠入了幻灭的君实却依旧惘惘然望着帐顶,毫无起身的表示。

"君实,你很倦罢?你想什么?"

娴娴很温柔地问;此时她已经坐在靠左的一只沙发椅里拉一只长筒丝袜到她腿上;羊毛的贴身长背心的下端微微张开,荡漾出肉的热香。

君实苦笑着摇头,没有回答。

"你还在咀嚼我刚才说的话么?是不是我的一句'是你自己的手破坏了你的理想'使你不高兴么?是不是我的一句'你召来了魔鬼,但是不能降服他',使你伤心么?我只随便说了这两句话,想不到更使你烦闷了。喂,傻孩子,不用胡思乱想了!你原来是成功的。我并没走到你的反对方向。我现在走的方向,不就是你所引导的么?也许我确是比你走先了一步了,但我们还是同一方向。"

没有回答。

"我是驯顺的依着你的指示做的。我的思想行动,全受了你的影响。然而你说我又受了别的影响。我自然知道你是指着李小姐。但是,君实,你何必把一切成绩都推在别人身上;你应该骄傲你自己的引导是不错的呀!你剥落了我的乐天达观思想,你引起了我的政治热,我成了现在的我了,但是你倒自己又看出不对来了。哈,君实,傻孩子,你真真的玩了黄道士召鬼的把戏了。黄道士烧符念咒的时候,惟恐鬼不来,等到鬼当真来了,他又怕得什么似的,心里抱怨那鬼太狞恶,不是他的理想的鬼了。"

娴娴噗嗤地笑了;虽然看见君实皱起了眉头,已经像是很生气,但她只顾格格地笑着。她把第二只丝袜的长筒也拉上了大腿,随即走到床前,捧住了君实的面孔,很妩媚地说:

"那些话都不用再提了。谁知道明天又会变出什么来呀!君实,明天——不,我应该说下一点钟,下一分钟,下一刹那,也许你变了思想,也许我变了思想,也许你和我都变了,也许我们更离远些,但也许我们倒又接近了。谁知道呢!昨天是那么一回事,今天是另一回事,明天又是一回事,后天怎样?自己还不曾梦到;这就是现在光荣的流行病了。只有,君实,你,还抱住了二十岁时的理想,以为推之四海而皆准,俟之百世而不惑;君实,你简直的有些傻气了。好了,再不要呆头呆脑地痴想罢。过去的,让它过去,永远不要回顾;未来的,等来了时再说,不要空想;我们只抓住了现在,用我们现在的理解,做我们所应该做。君实,好孩子,娴娴和你亲热,和你玩玩罢!"

用了紧急处置的手腕,娴娴又压在君实的身上了。她的绵软而健壮的肉体在他身上揉研,笑声从她的喉间汩汩地泛出来,散在满房,似乎南窗前书桌角的那一叠正襟危坐的书籍也忍不住有些心跳了。

君实却觉得那笑声里含着勉强——含着隐痛,是嗥,是叹,是咒诅。可不是么?一对泪珠忽然从娴娴的美目里迸出来,落在君实的鼻囱边,又顺势淌下,钻进他的口吻。君实像触电似的全身一震,紧紧地抱住了娴娴的腰肢,把嘴巴埋在刚刚侧过去的娴娴的颈脖里了。他感得了又甜又酸又辣的奇味,又爱又恨又怜惜的混合的心情,那只有严父看见败子回头来投到他脚下时的心情,有些相像。

然而这个情绪只现了一刹那,随即另一感想抓住了君实的心:

——这便是女子的所以为神秘么?这便是女子的灵魂所以毕竟成其为脆弱的么?这便是女子之所以成其为 Sentimentalist① 么?这便是女子的所以不能发展中正健全的思想而往往流于过或不及么?这便是近代思想给与的所谓兴奋紧张和彷徨苦闷么?这便是现代人的迷乱和矛盾么?这便是动的热的刺激的现代人生下面所隐伏的疲倦,惊悸,和沉闷么?

于是君实更加确信自己的思想是健全正确,而娴娴毁坏了她自己了!为了爱护自己的理想,为了爱娴娴,他必须继续奋斗,在娴娴心灵中奋斗,和那些危险思想,那些徒然给社会以骚动给个人以苦闷的思想争最后之胜利。希望的火花,突又在幻灭的冷灰里爆出来。君实又觉得勇气百倍,如同十年前站在父亲灵床前的时候了。

他本能地斜过眼去看娴娴的脸,娴娴也正在偷偷地看他。

"嘻,嘻……嘻!"

娴娴又软声地笑起来了。她的颊上泛出淡淡的红晕,她的半闭的眼皮边的淡而细,媚而含嗔的笑纹,就如摄魂的符箓,她的肉感的热力简直要使君实软化。呵,魅人的怪东西!近代主义的象征!即使是君实,也不免摇摇的有些把握不定了。可是理性逼迫他离开这个娇冶的诱惑,经验又告诉他这是娴娴躲避他的唠叨的惯技。要这样容易的就蒙过了他是不可能的。他在那喷红的嫩颊上印了个吻,就镇定地说:

---

① Sentimentalist,英语,意即感伤主义者。

"娴娴,你的话,正像你的思想和行动:只知其一,未知其二。我们鼓励小孩子活泼,但并不希望他们爬到大人的头发梢。小孩子玩着一件事,非到哭散场不休;他们是没有忖量的,不知道什么叫作适可而止。娴娴,可是你的性格近来愈加小孩子化了。我导引你留心政治,但并不以为当即可以钻进实际政治——而况又是不健全不合法的政治运动。比如现在大家都说'全民政治',但何尝当真想把政治立即全民化呢,无非使大家先知道有这么一句话而已。听的人如果认真就要起来,那便是胡闹了。娴娴,可是你近来就有点近于那样的胡闹。你不知道你是多么地幼稚,你不知道你已经身临险地了。今天早上我就做了一个可怕的梦——关于你的梦……"

君实不得不停止了;娴娴的忍俊不住的连续的小声的笑,使他说不下去,他疑问地又有几分不快地,看着娴娴的眼睛。

"你讲下去哪。"

娴娴忍住了笑说;但从她的乳房的细微的颤动,可以知道她还在无声地笑着。

"我先要晓得你为什么笑?"

"没有什么哟!关于小孩子的——既然你认真要听,说说也不妨。我听了你的话,就联想到满足小孩子的欲望的方法了。对八岁大的孩子说'好孩子,等你到了十岁,一定买那东西来给你'。可是对十岁大的孩子又说是须得到十一岁了。永久是预约,永久是明年,直到孩子大了,不再要了,也就没有事了。君实,——对不对?"

君实不很愿意似的点了点头。他仿佛觉得夫人的话里有刺。

"你的梦一定是很好听的,但一定也是很长的,和你的生活一般长。留着罢,今晚上细细讲罢。你看,钟上已经是九点二十分。我还没洗脸呢。十点钟又有事。"

不等君实开口，像一阵风似的，这位活泼的少妇从君实的拥抱中滑了出来；她的长背心也倒卷上去了，露出神秘的肉红色，恰和霍地坐起来的君实打了个照面。娴娴来不及扯平衣服，就同影子一般引了开去。君实看见她跑进了梳妆台侧的小门，砰的一声，将门碰上。

君实嗒然走到娴娴的书桌前坐下，随手翻弄那些纵横斜乱的杂志。娴娴的兀突的举动，使他十分难受。他猜不透娴娴究竟存了什么心。说她是不顾一切地要实行她目前的主张罢，似乎不很像，她还不能摆脱旧习惯，她究竟还是奢侈娇贵的少奶奶；说她是心安理得的乐于她的所谓活动罢，也似乎不像，她在动定后的刹那间时常流露了中心的彷徨和焦灼，例如刚才她虽则很洒脱地说："过去的，让它过去罢；未来的，不要空想；我们只抓住了现在，用我们现在的理解，做我们所应该做。"然而她狂笑时有隐痛，并且无端地滴了眼泪了。他更猜不透娴娴对于他的态度。说她是有些异样罢，她仍旧和他很亲热很温婉；说她是没有异样罢，她至少是已经不愿意君实去过问她的事，并且不耐烦听君实的批评了。甚至于刚才不愿意听君实讲关于她的梦。

——呵，神秘的女子的心！君实不自觉地又这么想。

神秘？他想来是不错的，女子是神秘的，而娴娴尤甚：她的构成，本来是复杂的。他于是细细分析现在的娴娴，再考察娴娴被创造的过程。

久被尘封的记忆，一件一件浮现出来；散乱的不连续的观念，一点一点凝结起来；他终于不得不承认，他的所谓创造，只是破坏。并且他所用以破坏的手段却就在娴娴的脑子里生了根。他破坏了娴娴的乐天达观思想，可是唯物主义代替着进去了；他破坏了娴娴的厌恶政治的名士气味，可是偏激的政治思想又立即盘踞着不肯出来；他破坏了娴娴的娇羞娴静的习惯，可是肉感的，要求强烈刺激的习惯又同时养成了。至于他自己的思想却似乎始终不曾和娴娴的脑筋发生过关系。娴娴的确善于感受外来的影响，但是他自己的思想对于娴娴却是一丝一毫的影响都没有。往常他自以为创造成功，原来只骗了自己！他自始就失败了，何曾有过成功的一瞬。他还以为莫干山避暑时代是创造娴娴的成功期，咳，简直是梦话而已！几年来他的劳力都是白费的！

他又想起刚才娴娴说的"你自己的手破坏了自己的理想"那句话来了。他不得不承认这句话是对的。他觉得实在错怪了李小姐。

他恨自己为什么那样糊涂！他，自以为有计划去实现他的憧憬的，而今却发现出来他实在是有计划去破坏自己的憧憬；他煞费苦心自以为按照了自己的理想而创造的，而今却发现出来完全不是那么一回事！

——迷乱矛盾的社会，断乎产生不出那样的人。

旧同学的这句话闪上他的心头了。他恨这社会！就是这迷乱矛盾的社会破坏了他的理想的！可不是么？在迷乱矛盾的空气中，什么事都做不好的。他真真地绝望了！

霍浪霍浪的水声从梳妆台侧的小门后传出来，说明那漂亮聪明的少妇正在那里洗浴了。

君实下意识地转过脸去望着那个小门，水声暂时打断了他的思绪。忽然衣橱门的大镜子里探出一个人头来。君实急转眼看房门时，见那门推开了一条缝，王妈的头正退出一半；她看见房里只有君实不衫不履呆呆地坐着，心下明白现在还不是她进来的时候。

突然一个新理想撞上君实的心了。

为什么他要绝望呢？虽说是迷乱矛盾的社会产生不出中正健全思想的人，但是他自己，岂不是也住在这社会么？他为什么竟产生了呢？可知社会对于个人的势力，不是绝对的。

为什么他要丧失自信心呢！虽说是两年来他的苦心是白费，但反过来看，岂不是因为他一向只在娴娴身上做破坏工作，却忽略了把自己的思想灌输给她，所以娴娴成其为现在的娴娴么？只要他从此以后专力于介绍自己所认为健全的思想，难道不能第二次改变娴娴，把她赢回来么？一定的！从前为要扫除娴娴的乐天达观名士气派的积滞，所以冒险用了破坏性极强的大黄巴豆，弄成了娴娴现在的昏瞀邪乱的神气，目下正好用温和健全的思想来扶养她的元气。希望呀！人生是到处充满着希望的哪！只要能够认明已往的过误，"希望"是不骗人的！

现在君实的乐观，是最近半个月来少有的了；而且这乐观的心绪，也使他能够平心静气地检查自己近来对于娴娴的态度，他觉得自己的冷讽办法很不对，徒然增加娴娴的反感；他又觉得自己近来似乎有激而然的过于保守的思想也不大好，徒然使娴娴认为丈夫是当真一天一天退步，他又觉得一向因为负气，故意拒绝参加娴娴所去的地方，也是错误的，他应该和她同去，然后冷静公正地下批评；促起娴娴的反省。

愈想愈觉得有把握似的，君实不时望着浴室的小门；新计划已经审慎周详，只待娴娴出来，立即可以开始实验了。他像考生等候题纸似的，很焦灼，但又很鼓舞。

房门又轻轻的被推开了。王妈慢慢地探进头来，乌溜溜的眼睛在房里打了个圈子。然后，她轻轻地走进来，抱了沙发榻上的一团女衣,又轻轻地去了。

君实还在继续他的有味的沉思。娴娴刚才说过的话,也被他唤起来从新估定价值了。当时被忽略的两句,现在跳出来要求注意：

——我现在走的方向,不就是你所引导的么？也许是我先走了一步,但我们还是同一方向。

君实推敲那句"走先了一步"。他以为从这一句看来,似乎娴娴自己倒承认确是受过他的影响,跟着他走,仅仅是现在轶出他的范围罢了。他猛然又记起谁——大概是李小姐罢——也说过同样意义的话,仿佛说他本是娴娴的引导,但现在他觉得乏了,在半路上停息下来,而被引导的娴娴便自己上前了。当真是这般的么？自信很深的君实不肯承认。他绝对自信他不是中道而废的软背脊的人儿。他想：如果自己的思想而确可以算作执中之道呢,那也无非因为他曾经到过道的极端,看着觉得有点不对,所以又回来了；然而无论如何,娴娴的受过他的影响,却又像是可信了,她自己和她的密友都承认了。可是他方才的推论,反倒以为全然没有呢,反倒以为从前是用了别人的虎狼之药来破坏了固有的娴娴,而现在须得他从头做起了。

他实实在在迷住了：他觉得自己的推论很对,但也没有理由推翻娴娴的自白。虽则刚才的乐观心绪尚在支撑他,但不免有点彷徨了。他自己策励自己说："这个谜,总得先揭破；不然,以后的工作,无从下手。"然而他的苦思已久的发胀的头脑已不能给他一些新的烟士披里纯①了。

---

① 烟士披里纯,英语 inspiration 的音译。意即灵感。

房门又开了。王妈第二次进来,怪模怪样地在房里张望了一会儿;后来走到梳妆台边,抽开一个小抽屉。拿了娴娴的一双黄皮鞋出去了。

君实下意识地看着王妈进来,又看着她出去;他的眼光定定地落在房门上半晌,然后又收回来。在娴娴的书桌上徘徊。终于那象牙小兔子邀住了君实的眼光。他随手拿起那兔子来,发现了"丈夫"二字被刀刮过的秘密了。但是他倒也不以为奇。他记得娴娴发过议论,以为"丈夫"二字太富于传统思想的臭味,提到"丈夫",总不免令人联想到"夫者天也"等等话头,所以应该改称"爱人"——却不料这里的两个字也在避讳之列!他不禁微笑了,以为娴娴太稚气。于是他想起娴娴为什么还不出来。他觉得已经过了不少时候,并且似乎好久不听得霍浪霍浪的水声了。他注意听,果然没有;异常寂静。竟像是娴娴已经睡着在浴室里了。

君实走到梳妆台旁的时候,愈加确定娴娴准是睡着在浴盆里了。他刚要旋转那小门的瓷柄,门忽然自己开了。一个人捧了一大堆毛巾浴衣走出来。

不是娴娴,却是王妈!

"是你……呀!"

君实惊呼了出来。但他立即明白了:浴室通到外房的门也开得直荡荡,娴娴从这里下楼去了。她,夫人——就是爱人也罢,却像暴徒逃避了侦探的尾随一般,竟通过浴室躲开了!他这才明白王妈两次进来取娴娴的衣服和皮鞋的背景了。他觉得娴娴太会和他开玩笑!

"少奶奶早已洗好了。叫我收拾浴盆。"

王妈看着君实的不快意的面孔,加以说明。

君实只觉得耳朵里的血管轰轰地跳。王妈的话,他是听而不闻。他想起早晨不祥之梦里的情形。他嗅得了噩运的气味。他的泛泡沫的情热,突然冷了;他的尊严的自许,受伤了;而他的跳得更快的心,在敲着警钟。

"少奶奶在楼下么!"

便是王妈也听得出这问句的不自然的音调了。

"出去了。她叫我对少爷说:她先走了一步了,请少爷赶上去罢。——少奶奶还说,倘使少爷不赶上去,她也不等候了。"

"哦——"

这是一分多钟后,君实喉间发出来的滞涩的声浪。小小的象牙兔子又闯入他的意识界,一点一点放大了,直到成为人形,傲慢地斜起了红眼睛对他瞧。他恍惚以为就是娴娴。终于连红眼睛也没有了,只有白肚皮上"丈夫"的刀刮痕更清晰地在他面前摇晃。

一九二八年二月二十三日

诗与散文

一

青年丙再向桌上的鲜花瞬了一眼,嘴边浮出个满意的微笑,继续在房中踱着。他的眼光注在自己的脚尖,跟住那黄皮靴的狭长的亮头忽起忽落。他仿佛看见靴尖的每一翘送,便飘起了一朵彩霞,一朵粉红色的鲜花,正是表妹送来的现在搁在书桌上的那样的鲜花。

他忍不住又醉醺醺地微笑了,因为他看见脚尖上飘浮出来的花朵现在也幻出迷人的笑靥来;他立刻辨认得这可爱的笑靥就是占据了他的全心灵的表妹的容貌。占据了他的全心灵?"全"——心灵么?青年丙此时是毫无愧怍地自信着。当两星期前初次遇见表妹的时候,他便在心里对自己说:"到底来了,一个抓得住我的心灵的女子!"那时,他像烦渴到眼中冒火星的人骤然畅饮了清泉,像溺水的人抓得了一块木板。"灵魂洗了个澡!"他用这句话来形容自己心境上的甜美清快。而冰雪聪明的表妹也似乎早已窥见他的隐衷;所以今天送来鲜花的时候,她那微风振幽篁似的可爱的声音对他说:

"丙哥,你喜欢这些白玫瑰么?希望你只看见洁白芬芳的花朵,莫想起花柄上的尖利的刺罢!人生的路上,有洁白芬芳的花;也有尖利的刺,但是自爱爱人的人儿会忘记了有刺只想着有花!"

那时他的眼睛也湿了,他的心里膨胀着铭感,他的喉头被快乐挤满,竟说不出一句话。如果不是这样端丽温柔的表妹,他一定要直前拥抱了,用无数的亲吻来代替回答;然而在天女样的表妹跟前,他只能噙着眼泪遥送感谢的热忱。他时时觉得在表妹前他便变成了高尚圣洁些,似乎他的隐秘的罪眚也减轻了压迫了。

这刹那的闪电似的回忆,使他止步在书桌前;他惘然低下头去在那束白玫瑰上轻轻地印了一个吻,然后转身对一面大衣镜看着。在镜子里对他展笑的,是一个修短合度,丰韵潇洒的少年;一对不大不小的眼睛,凝睇时荡漾出幽波,瞬动时燃炽着情热;玲珑的口辅,便是不语的时候也像有温柔絮语在低低倾诉。

青年丙忍不住独自笑出声来。像他这样的俊伟的人物该算是不辱没了表妹罢?并且亦惟有像他这样的人物才能懂得什么是女性的精神美罢?他自己真难自信曾有一时竟会颠倒于一个徒有肉体的女子!他想来那该是一个梦。清醒的他是决不会那样庸劣卑污的罢!

突然他看见镜子里的他的身后探出个人头来了。黑而多的头发,长的眉毛和长的眼睛,眉目之间的红晕,半开的笑口,都像电流似的通过他全身,使他震了一下。他本能地退后一步,同时心里说:"自然只是幻觉而已。难道会是真的她又来了么?"然而镜子里的人头亦引前一步,半嗔半怨的目光从镜子里射定了他。这宛如一道烈火,烧毁了他的空想的网,又引燃了他的愤怒。他霍地转过身来,便和一位身材苗条的妇人面对面了;他皱了眉,睁大了眼睛,似乎是气得说不出话来。

二

"我知道你的心已经变了,我知道你十分讨厌我——十分,正好像你从前的十分爱我;可是我不肯放松你。你们那些新名词,我全不懂;我没有学问,没有思想,没有你们那些新的思想,我是被你们所谓绅士教育弄坏了的人;可是我知道有我自己。如果我是不乐意,从前你休想近我的身体;如果我还是乐意你,现在你也休想一脚踢开我,我不能让你睡在别个女人的怀里!"

这是从玫瑰一般可爱的嘴唇里吐出来的尖针似的话语。青年丙禁不住心头发抖。他的挑衅的眼光现在萎缩了,偷偷地从长眉毛间滑下去,经过了虽嗔犹媚的小口,弯弯的下颏,半袒露的白缎子似的胸颈,终于停留在薄纱衫下轻轻地跳动的一对小阜的尖顶。于是有别一滋味的颤抖蓦地兜上了心头。

"哎,何必多说这些废话呢?"

青年丙希求和解似的说,同时在心里打了个寒噤。他自恨这一次又被抓住了。他无论如何挣不脱身。他近来才意识到自己的脆弱:即使是已经彻骨地恨着眼前这个迷人的女子,却没有能力抵御她的魅惑。在背后时,他几次决意要丢开她,甚至不惜演悲剧;但是一见了面,他就只剩得"但愿她莫再来惹我"的苟安而惶恐的心情了。再经过几分钟,他又将无助地倒在她脚下,像一个可怜的俘虏。他现在唯一的遁路是不看见她。又有个渺茫的希望则是想从表妹那里得些力量;"该是表妹的圣洁的灵魂来将我拔出这可怖的烦恼罢?"他常常这么想。

"废话,我想来我应该多使用我的舌头才好呢。可是不许你多说话！我不是空话喂得饱的。我要实实在在的事儿！就是你第一次要求我的时候所说的实实在在的事儿。"

这尖媚的声浪打断了青年丙的怅惘的思索。女子一面说，一面微微笑着，用左手揽住了青年丙的肩胛，随即伸过猩红的小口去，在他颊上啄了几下。

大衣镜映出这一对偎倚着的人儿的面容是：男子脸上有"没奈何"的神气，女子嘴角浮着胜利的微笑。

"怎么你总是这几句话？"丙软弱地企图抗议了。"桂，这些话从你的嘴里说出来，多少总有点不相宜罢？"他慢慢地抚弄桂的头发，接下去说："你怨我变了心，你怨我没有从前那样的待你亲热，你甚至说我已经十分讨厌你；桂，你这些猜测究竟对不对，我不愿意多分辩，但是桂，你也得自己知道你近来确已变了，大大地变了。你的一天一天的肉感化，一天一天的现实化，一天一天的粗浅化，哎，桂，你是太快地进了平凡丑恶的散文时代了。"

回答是长声的荡人心魂的冶笑。

"男女间的关系应该是'诗样'的——'诗意'的；永久是空灵，神秘，合乎旋律，无伤风雅。这种细腻缠绵，诗样的感情，本来是女性的特有品。可是桂，不知你怎地丧失了这些美点了；你说你要'实实在在的事儿'，你这句话，把你自己装扮成十足的现实，丑恶，散文一样；——用正面字眼来说，就是淫荡……"

丙的议论不得不中途停止了。小小的清脆的"啪"的一声，报告桂的肥手掌正落在丙的嘴巴上，而且乘势握着那两片红唇，不让它们再鼓动了。丙似乎突然一惊，但随即坦然自若地把眼光斜到右边，看一下书桌上的玫瑰花；他心里盼望有一场恶闹——一场可使他们俩不能再晤见，不好意思再晤见的恶闹，同时却亦未始不感得温软的胸脯的熨贴又是难以割舍，徘徊在这矛盾的情绪间,他不敢正视桂,只偷偷地向大衣镜瞥了一眼。然而大衣镜中映出来桂的面容,并没生气;她反而得意地笑着,更紧紧地抱住了丙。她很妩媚然而又威严地说:

"不许你再开口了!为的你太会说谎。"

"什么谎?可是你也不能不承认你近来自己的变相!"

"你说的什么变相,我不承认。我只知道心里要什么,口里就说什么。你呢,嘴里歌颂什么诗样的男女关系,什么空灵,什么神秘,什么精神的爱,然而实际上你见了肉就醉,你颠狂于肉体,你喘息垂涎,像一只狗!我还记得,就同昨天的事一样,你曾经怎样崇拜我的乳房,大腿,我的肚皮!你的斯文,清高,优秀,都是你的假面具;你没有胆量显露你的本来面目,你还想教训我,你真不怕羞!"

又意外地笑了几声,桂突然将丙推在近旁的沙发上,自己就跨坐在他膝头。她的眉梢泛起了两片红晕,她的眼睛有些潮湿。这在平时往往会引起丙的兴奋,但现在则桂的一番话似乎很伤了他的自尊心,所以他身受着这样肉感的女性的爱抚,并不觉得愉快,反像是被侮辱了似的。他很想发作一下,然而没有足够的勇气;他只好委屈地忍受。

这种神情,自然躲不过桂的锐眼;她胜利地笑了起来,又轻声说:

"你们男子,把娇羞,幽娴,柔媚,诸如此类一派的话,奉承了女子,说这是妇人的美德,然而实在这是你们用的香饵;我们女子,天生的弱点是喜欢恭维,不知不觉吞了你们的香饵,便甘心受你们的宰割。在学校的时候,老师们也教导我们要知道娇羞,幽娴,柔媚,我崇拜这三座偶像,少说也有十年,直到两个月前才被你打破了!你……"

"我？我打破了你的？"

青年丙急口插进来分辩。他真心确信并没做过这样的事。桂俯下头去在丙的嘴唇上轻轻地咬了一口，同时长眉毛一挺，格格地艳笑着说：

"还不是你么？如果我那时不打破那三座偶像，我，一个体面人家的寡媳，怎么会倒在你——一个寄住在家里的少年的怀抱呀？你，聪明的人儿，引诱我的时候，惟恐我不淫荡，惟恐我怕羞，惟恐我有一些你们男子所称为妇人的美德；但是你，既然厌倦了我的时候，你又惟恐我不怕羞，不幽娴柔媚，惟恐我缠住了你不放手，你，刚才竟说我是淫荡了！不差，淫荡，我也承认，我也毫没羞怯；这都是你教给我的！你教我知道青春快乐的权利是神圣的，我已经遵从了你的教训；这已成为我的新偶像。在这新偶像还没破坏以前，我一定缠住了你，我永不放手！"

更没有回答了。和她的宣言一致，桂现在是取了更热烈的旋风似的动作，使青年丙完全软化，完全屈伏。

黑暗渐渐从房子的四角爬出来，大衣镜却还明晃晃地蹲着，照出桂的酡红的双颊耀着胜利之光，也照出丙的力疾喘气的微现苍白的嘴角。

三

电灯亮时，青年丙颓然躺在床上，光着眼看帐顶。苗条身材的女子已经去了，然而书桌角上，和玫瑰花并排的，还留有一方浅绿色的印花手帕，很骄蹇地躺在那里，似乎就是女主人的代表，又像是监视青年丙的坐探。

多色的轻烟和飘浮无定的金星,尚挂在青年丙眼前,像东洋式的烟火。他觉得身下的床架还是在渐渐地渐渐地向上浮;他又觉得软瘫无力的四肢还是沉浸在一种所谓晕眩的奇趣里。同时也有个半自觉的意念在他的酣醉的脑膜上掠过:比从前何如?近来他每次和桂有了沾染时,总忍不住要发生这个感想——妥当些说,是追问。他在晕眩的奇趣中也常常半意识地这样自问。然而每次都使他出惊的,是永不曾有过否定的消极的答案。他委实找不出理由来说今不如故;他不能不承认每次的经验都和第一度同样地甜美,同样地使他酥软,使他沉醉。所不同者,第一度时还有些新鲜的惊喜的探险的意味,因而增加了说不明白的神秘的美感。这在第二度时已经褪落至于几乎没有,现在则自然完全消失了。每次追想到这一点,他总不免有些惆怅;他称这第一度为"灵之颤动",称以后的为"肉的享宴"。

"再给我一次灵之颤动罢,——如果能够再有那样一次,够多么好!"

这样的话,青年丙也曾对桂说过。现在他已经企图要在表妹处觅取所谓"灵之颤动"了,但是间或想起了桂不无歉然的时候,他仍旧自以为假使桂能够给他"灵之颤动"像第一度那样,或者他未必"多此一举",再舍近而求远罢。

青年丙的眼光落在书桌角的玫瑰花上;一阵惶恐的情绪蓦地兜上心来了。玫瑰的蓓蕾好像就是表妹的笑靥;而花柄上的刺,也仿佛就是表妹笑中的讥讪。他赶快转过脸去,暗暗噫了口气。"我的行为是不道德的么?"他忍不住自问。他的在此等时的第一念大都是属于桂,他觉得既然已经全心灵爱着表妹,就不应该再和桂有往来;仍旧接受桂,便是欺骗了桂。"以前的事,自可不论;但现在还和她沾染,至少是太欺负了她罢?"青年丙十分真诚地忏悔。此时他不但没有憎恨桂的意思,反倒可怜她了;他痛骂自己是堕落到极顶的懦夫,他承认自己的态度是两面欺骗。

他自暴自弃似的翻过身去,把脸孔对着墙壁。他的心头像是压着一块铅,他的眼眶有些红了。他痛苦地承认,像他这样的人,果然不配爱表妹,也不配被桂所爱。他认识了自己是如何的脆弱,没有向善的决心,也没有作恶的勇气。他直觉到自己将来的不可避免的失败;他恍惚看见表妹冷冷地掉头自去,他又看见桂怒容戟指向着他。

青年丙霍然一跳,两眼睁得大大地,什么幻象都没有了。他慢慢地用手臂来拭去了额上的几滴冷汗,较为镇静地反省着。暂时怔了半晌,空荡荡地毫无感念,然后他拾起了愁思的端绪。他从桂的"怒容戟指"想到了桂近来的情意以及他自己对于桂的态度。他在心里分辩说:"从前爱她,现在不爱她,这在道德上成问题么?说是现在既不爱她,就不应该再和她有沾染么?不错!然而她自己要来苦苦地缠住我,又有什么办法?说我拥抱她的时候却在想念别人,便是欺骗的行为么?但是她却赖有此欺骗而感到快乐呢!如果能使人幸福,便是欺骗也该不算坏事罢?而况不是我居心要欺骗她。这是她迫得我不能不欺骗呀!"于是青年丙觉得眼前一亮,心头也轻松了许多。他翻过身去,突然那艳丽照眼的玫瑰花束又引起了他的不安;一大串问题像乱箭似的攒在他心头了:"可是这岂非成了欺骗表妹么?这该不会使表妹也感到快乐罢?欺骗在桂那方面,即使不算是坏事,但在表妹这方面,至少不能算是好事罢?"于是他觉得已经损害了表妹的什么权利;似乎他从表妹那里偷了什么东西转给了桂了。

他反复自问,又自己作答;他刚以为自己的一切行动并没损害了谁,但转念一想又觉得这实在是主观的自解嘲,别人家决不会如此存想的。再过一会儿,他又勇敢地确信自己的不错,并且以为别人家的如何看法是大可不管了。他迷惘地机械地想着,尽绕着一正一反的圈子;直到后来不再能思索,只有"正""反"两个观念在脑膜上霍霍地闪烁。

忽然弹指声轻轻地从门上来了;轻轻地,然而像地震似的撼动人心。青年丙赶快跳起来开了门。门外是一片黑暗。对照着房里的光亮,使这门口宛如个无底的深洞。顾长的一个白的人形,直立在黑洞中央,凝然不动。青年丙惊愕了几秒钟,便悄悄地上前一步,牵引那白的人形从黑洞口到光线下。他的全身细胞都在快活地发跳,然而他的舌头蜷伏着不敢摇动;他疑惑只是一个快意的好梦。

默然相对了半晌,还是他先挣扎出一句话:

"桂奶奶!听候您的吩咐!"

回答是幽然的一声低叹;可是长眉毛梢也淡淡地引起了红晕了。

这都像电流那样快,那样有力,通过了青年丙的全躯壳,从脑海以至最渺小的脑神经纤维,都在发胀,都在戛戛地跳跃。他伸出左手去轻轻地围绕了她的腰;他畏怯地企图要使那软绵绵高突的只有一层轻纱罩护着的胸脯贴到他自己的心头;他的被醉意醺朦胧了的眼睛看见无数小金星从她的眉目间,鼻孔里,口辅边,乃至颈际发梢,泡沫似的浮出来,飞满了全房子。他又看见同样的泡沫在他自己身上迸射出来,也耀着金光。然后他又听得袅袅的管弦和锽锽的金鼓在不知什么地方响出来,也充满了全房子。

"生命的舞蹈呀!灵魂的舞蹈呀!"

在陶醉中,他这样想。然而他也没有忘却问一句要紧话:

"白天我已经失望了!你是那样的峻拒?"

"你怨不怨?"

"但现在是感多于怨了。"

他不知道怎样才能表示他的感激,他的愉快,他的兴奋:他发狂似的汲取感官的快乐。然而,在旋风样的官能刺激的顶点,他忽然像跌入了无底的深坑……

他惊跳着醒过来,第一眼便看见并排地蹲在书桌角的绿手帕和玫瑰花。他呆呆地望了半晌,然后低声嘘一口气。他想:"便是好梦,也去得太匆匆!不可再得的灵之颤动只能在梦中再现了;然而梦亦去的太匆匆呀!"

梦中的诗样的情趣,金色的泡沫,全都消散了,只有灰暗沉重的现实,压在他心灵。

四

玫瑰花束已经萎了,绿手帕依旧并排地蹲在旁边。再过去是一封已经撕开了口的信,很局促沮丧地斜躺在左侧,似乎不曾受到任何样的欢迎。

房里没有人。太阳从西窗里进来,独自在花褥单上跳舞。

忽然房门轻轻地开了。青年丙昂起了头进来,颇有些自得的神气。他刚从一个朋友那边来,带的半天欢喜在心里。朋友是旧同学,现在正当"裘轻马肥",对青年丙说了许多"借重"的话。论到用世的才调,青年丙是当仁不让的;现在他向大衣镜立正,对镜中人微微颔首一笑,便宛然是纵横捭阖,手挥目送的风云儿的姿势。他看着镜中人的挺得直直的胸膛,便想到朋友身上的斜皮带。他扭转身子向左向右顾盼了一会儿,他忍不住那踌躇满志的微笑浮上眉梢。

然而他的眉头倏地皱紧了。他看见那影子似的苗条女子的面容又出现在镜子里了。她,她又跟着钉着来了!青年丙盛气转过身去,斜眼睒了一下,摹仿他的朋友看勤务兵时的神气。

"爱,何必生气呢?也犯不着生气呀!"

意外地俏媚温柔的口吻使他脸上的皮不得不放松了一些。虽然此时他有老朋友的一番"借重长才"的话头在心窝支撑,因而也就出奇地镇定些,但是惯了的惟恐又被抓住的畏怯,又已经像薄雾似的展布开来了。

"我是来请罪的。我今天想明白了。丙少爷,直到今天我才明白呢!"

接着是极妩媚地一笑。青年丙茫无头绪地看着她。

"昨天我说了些什么话呢?我真是发疯罢?那些话,都不是我应该说的。现在我明白过来了。我是个'未亡人',没有什么活人的快乐幸福可说的;可是,丙少爷,你给了我一个月光景的快乐。这大概已经是太多了。再不知足,再要钉住你,就是太不自量了罢?今天我是明白过来了。"

现在青年丙的脸纹完全展平了。一丝的惭愧,从他心深处摇曳而上,渐渐到了脑膜,可是未及在两颊上表白出来,就被老朋友的"借重"格住了,并且慢慢地被压了下去。

"哦,哦,那个——"

他只能含糊地回答;看着桂的发粉光的圆脸和乌溜溜的俏眼睛,便觉得更其迷惘,难置答词。同时,那种意外遇赦的惊喜交并的情绪,确也压住了他的舌头。

"所以今天我是来请罪。今天是最后一次到这房里。今天,再让我最后一次叫你丙;以后是——仍然是丙少爷了。我也希望最后一次听你叫我桂。"

声音是简直有点迷人了。过去的最珍贵的时间,突又复活在青年丙心上了。他又看见金色的泡沫从桂身上翻腾着飞出来,他又觉得自己全身的细胞都在跳动了。他蓦地绕住了桂的细腰,把嘴凑上她的。

"不,不;不能再这样了。已经太多了!"

桂扭转头去说,同时拨开了腰间的丙的手臂。

"这也是最后一次都不行么?"

青年丙颤着声问,依旧把手缠到那熟习的腰间去。他心里的感想很复杂,但没有一个浮现到他意识上,所以他只是单纯地跟着血的冲动。

"自然不行!"

"一次也不能再多么?"

"已经嫌太多时,便是半次也不行!况且,你如果想着了桌子上的玫瑰花是什么人的,那就知道半次的半次也不能再有了。你看,玫瑰花已经焦了;你不应该让它们枯死的呀!"

很敏捷地脱离了丙的扭缠,桂斜倚在门楣,把右手托住了下颏。她的胸脯微微波动,她的眼睛有些红,她的小嘴唇却变了白。这一切,青年丙都没注意到。他的眼光正跟着桂的话声转到书桌角,于是那个怪可怜相的躺着的信封映进了他的眼帘。他立刻认出这是表妹的信!他攫了过来时,看见封口已破,便不自觉的举眼望着桂一瞧。

"丙少爷,再会了。"

桂异样地笑了一笑,就和影子似的退出房外,随手将门带上。

一个感想霍霍地在丙心上闪动。他恍然于桂今天的态度转变的原因了;他断定是桂先拆开了他的信,他又断定是信中的消息使桂不得不放弃了死缠住的妄想。对于桂的竟去,他原有几分不舍,然而亦未始不感到释去重荷似的爽快。他微笑地抽出信纸来,看了两行,忽然脸色变了。信是很简短:

表哥:

　　明天要跟父亲到北平去了。行色匆匆,不能面辞为歉。请你也不必来送。因为从此刻起,就有许多事要办,并且还有几处地方要去辞行。

表妹启。

信笺是掉落在地上了,青年丙呆坐在床上,痴痴地看着大镜子。

镜子映出房门慢慢的开了一条缝,桂的恶意的但是迷人的笑脸,端端正正嵌在缝中间,对着床上瞧。青年丙像触电似的直跳起来,一步跳到门边,想捉住了这迷人的笑容。但是门已经关了。只有吃吃的艳笑声被关进在房里。这笑声像一条软皮鞭,一下一下的打在青年丙的心窝。他再不能支持了,脚下一挫,就让书桌抵住了背脊。

房门又意外地很快地开了。同时房里的电灯也亮了出来。桂庄严地站在门框中,电灯光落在她的头发上和嘴唇上,闪闪地耀着。

"什么时候也到北平去呢,丙少爷?"

回答是扑到门前抱住了她。这一回,她并没拒绝,只是屹然立着,脸上冷冷的没有一些表情。青年丙不觉嗒然垂下手去。

"散文该不再是你所希罕的罢?我也不想再演喜剧做丑角呢!"

随着这冷冷的声音,桂飘飘然去了。

青年丙懊丧地把两手掩了面孔。他不知道怎样才好,他觉得地板在他脚下摇动。然后,一个新理想撞上了他的心。他慢慢走到大衣镜前,立正,两眼疾向前一望,便很神气地举手到额角,行一个军礼。他似乎是第三者的评判人,对镜子里的自己微微一笑,"尚称满意"地点一下头。同时,从他的嘴角流出了下面的几个字:

"还不如到老同学处,'帮'他的'忙'罢;——那便是'史诗'的生活呢!"

一九二八年十二月十五日

大泽乡

算来已经是整整的七天七夜了,这秋季的淋雨还是索索地下着。昨夜起,又添了大风。呼呼地吹得帐幕像要倒坍下来似的震摇。偶尔风势稍杀,呜呜地像远处的悲筘;那时候,那时候,被盖住了的猖獗的雨声便又突然抬头,腾腾地宛然是军鼓催人上战场。

中间还夹着一些异样的声浪:是尖锐的,凄厉的,有曲折抑扬,是几个音符组成的人们说话似的声浪。这也是两三天前和大风大雨一同来的,据说是狐狸的哀嗥。

军营早已移到小丘上。九百戍卒算是还能够捆一堆干燥的稻草,只这便是那两位终天醉成泥猫的颠顶军官的唯一的韬略。

军官呢,本来也许不是那样颠顶的家伙。纵然说不上身经大小百余战,但是他们的祖若父却是当年铁骑营中的悍将,十个年头的纵横奋战扫荡了韩,赵,魏,楚,燕,齐,给秦王政挣得了统一的天下;他们在母亲肚子里早已听惯了鼙鼓的声音,他们又在戎马仓皇中长大,他们是将门之后,富农世家,披坚执锐作军人是他们的专有权,他们平时带领的部卒和他们一样是富农的子弟,或许竟是同村的儿郎,他们中间有阶级的意识做联络。然而现在,他们却只能带着原是"闾左贫民"的戍卒九百。是向来没有当兵权利的"闾左贫民",他们富农素所奴视的"闾左贫民",没有一点儿共同阶级意识的"部下"!

落在这样生疏的甚至还有些敌意的环境中的他们俩,恰又逢到这样闷损人的秋霖,不知不觉便成为酒糊涂;说是"泥猫",实在已是耗子们所不怕的"泥猫"。

半夜酒醒,听到那样胡笳似的风鸣,军鼓似的雨声,又感着砭骨似的秋夜的寒冷,这两位富农之子的军官恍惚觉得已在万里平沙的漠北的边疆。闻说他们此去的目的地叫作什么渔阳。渔阳?好一个顺口的名儿!知否是大将军蒙恬统带三十万儿郎到过的地方?三十万雄兵都不曾回来,知否是化作了那边的青磷蔓草哟!

想不得!酒后的愁思,愈抽愈长。官中的命令是八月秒到达防地,即今已是八月向尽,却仅到这大泽乡;而又是淫淫秋雨阻道。误了期么?有军法!

听说昨天从鱼肚子里发见一方素帛,朱书三个字:陈胜王!

陈胜?两屯长之一是叫作陈胜呀。一个长大的汉子,总算是"闾左贫民"中间少有的堂堂仪表。"王"?怎么讲?

突然一切愁思都断了线。两军官脸色变白,在凄暗的灯火下抬起头来,互找着对方的眼光。压倒了呜咽的风声,腾腾的雨闹,从远远的不知何处的高空闯来了尖厉的哀嗥。使你窒息,使你心停止跳跃,使你血液凝冻,是近来每夜有的狐狸叫,然而今番的是魔鬼的狐狸叫,是要撕碎你的心那样的哀嗥,断断续续地,是哭,是诉,是吆喝。分明还辨得出字眼儿的呀。

"说是'大楚兴'啰?"

"又是'陈胜王'!"

面面觑着的两军官的僵硬的舌头怯生生地吐出这么几个字。宿酒醒了,陈胜的相貌在两位军官的病酒的红眼睛前闪动。是一张多少有点皱纹的太阳晒得焦黑的贫农的面孔。也是这次新编入伍,看他生得高大,这才拔充了屯长。敢是有几斤蛮力?不懂兵法。

想来陈胜倒不是怎样可怕,可怕的是那雨呀!雨使他们不能赶路,雨使他们给养缺乏;天哪,再是七日七夜的雨,他们九百多人只好饿死了。在饿死的威吓下,光景是什么事都干得出来的罢?

第二天还是淋雨,躲在自己帐里的两位军官简直不敢走动。到处可以碰着怀恨的狞视。营里早就把鱼鳖代替了米粮。虽然是一样的装饱了肚子,但吃得太多的鱼鳖的兵士们好像性格也变成鱼鳖了。没有先前那么温顺,那么沉着。骚动和怨嗟充满了每个营房。

"怎么好?走是走不得,守在这里让水来淹死!"

"整天吃鱼要生病的哪!"

"木柴也没有了。今天烧身子下面垫的稻草,明天烧什么?吃生鱼吧?我们不是水獭。"

"听说到渔阳还有两三千里呢!"

"到了渔阳还不是一个死!"

死!这有力的符咒把各人的眼睛睁大了。该他们死?为什么?是军法。因为不是他们所定的军法所以该他们死哟!便算作没有这该死的军法,到了渔阳,打败了匈奴,毕竟于他们有什么好处?他们自己本来也是被征服的六国的老百姓,祖国给予他们的是连年的战争和徭役,固然说不上什么恩泽,可是他们在祖国内究竟算是"自由市民",现在想来,却又深悔当年不曾替祖国出力打仗,以至被掳为奴,唤作什么"闾左贫民",成年价替强秦的那些享有"自由市民"一切权利义务的富农阶级挣家私了。到渔阳去,也还不是捍卫了奴役他们的富农阶级的国家,也还不是替军官那样的富农阶级挣家私,也还不是拼着自己的穷骨头硬教那些向南方发展求活路的匈奴降而为像他们一样的被榨取的"闾左贫民"么?

从来不曾明晰地显现在他们意识中的这些思想,现在却因为阻雨久屯,因为每天只吃得鱼,因为没有了木柴,更因为昨夜的狐狸的怪鸣,便像潮气一般渗透了九百戍卒的心胸。

鱼肚子里素帛上写的字,夜半风声中狐狸的人一样话语的鸣嗥,确也使这九百人觉得诧异。然而仅仅是诧异罢了。没有幻想。奉一个什么人为"王"那样事的味儿,他们早已尝得够了。一切他们的期望是挣断身上的镣索。他们很古怪地确信着挣断这镣索的日子已经到了。不是前年的事么?东郡地方天降一块石头,上面七个字分明是"始皇帝死而地分"!平舒华山之阳,素车白马献璧的神人不是也说"明年祖龙当死"么?当死者,既已死了;"地分",应验该就在目前罢!

想起自己有地自己耕的快乐,这些现在做了戍卒的"闾左贫民"便觉到只有为了土地的缘故才值得冒险拼命。什么"陈胜王",他们不关心;如果照例得有一个"王",那么这"王"一定不应当是从前那样的"王",一定得首先分给他们土地,让他们自己有地自己耕。

风还是虎虎地吹着,雨还是腾腾地下着。比这风雨更汹涌的,是九百戍卒的鼓噪,现在是一阵紧一阵地送进两位军官的帐幕。

觉得是太不像样,他们两位慢慢地踱出帐幕来,打算试一试他们的"泥猫"的威灵了。

他们摆出照例的巡视营帐的态度来。这两位的不意的露脸居然发生了不意的效果,鼓噪声像退落的潮水似的一点一点低下去了。代替了嘴巴,戍卒们现在是用眼睛。两位军官成了眼光的靶子。可不是表示敬意的什么"注目礼",而是憎恨的,嘲笑的,"看你怎么办!"本来未始不准备着接受一些什么"要求",什么"诉说",或竟是什么"请示进止",——总之,为了切望减少孤独之感便是"当面顶撞"也可以欢迎他们俩,却只得到了冷淡和更孤独。他们不是两位长官在自己部下的营帐内巡视,他们简直是到了异邦,到了敌营,到了只有闪着可怖的眼光的丘墟中。

是黄河一样的深恨横断了部下的九百人和他们俩!没有一点儿精神上的联系。九百人有痛苦,有要求,有期望,可是绝对不愿向他们俩声诉。

最后,两位军官站在营外小丘顶巅,装作瞭望地势。

大泽乡简直成为"大泽"了。白茫茫的水面耸露出几簇茅屋,三两个村夫就在门前支起了渔网。更有些水柳的垂条,卖弄风骚地吻着水波。刚露出一个白头的芦花若不胜情似的在水面颤抖着。天空是铅色。雨脚有簪子那样粗。好一幅江村烟雨图呵。心神不属地看着的两位军官猛觉得有些异样的味儿兜上心窝来了。是凄凉,也是悲壮!未必全是痴呆的他们俩,从刚才这回的巡视看出自己的地位是在"死线"上,"死"这有力的符咒在他们的灵魂里发动了另一种的力量;他们祖若父血液中的阶级性突然发酵了。他们不能束手困在这荒岛样的小丘上让奴隶们的复仇的洪水来将他们淹死!他们必得试一试最后的挣扎!

"看出来么?不是我们死,便是他们灭亡!"

"先斩两屯长?"

"即无奈何,九百人一齐坑罢!"

先开口的那位军官突然将右臂一挥,用重浊的坚决的声调说了。

"谁给我们掘坑?"

不是异议,却是商量进行手续,声音是凶悍中带沉着。

"这茫茫的一片水便是坑?"

跟着这答语,下意识地对脚下那片大水望了一眼,军官之一得意地微笑了;然而笑影过后,阴森更甚。拿眼睃着他的同伴,发怒似的咬着嘴唇,然后轻声问:

"我们有多少心腹?"

呵,呵,心腹?从来是带惯了子弟兵的这两位,今番却没有一个心腹。战国时代做了秦国的基本武力的富农阶级出身的军人,年来早就不够分配;实在是大将军蒙恬带去的人太多了。甚至像"屯长"那样的下级兵官也不得不用阶级不同的"闾左贫民"里的人了。这事件的危险性现在却提出在这两位可怜的军官面前要求一个解答。

"皇帝不该征发贱奴们来当兵的!"

被问住了拿不出回答来的那位军官恨恨地说,顿然感到祖若父当日的黄金时代已成过去,永远成为过去了。

"何尝不是呵!自从商君变法以来,我们祖宗是世世代代执干戈捍卫社稷的;做军人是光荣的职务,岂容'闾左'的贱奴们染指!始皇帝宾天后,法度就乱了。叫贱奴们也来执干戈,都是贱臣赵高的主意呵!赵高,他父母也是贱奴!"

"咳,'倒持太阿,授人以柄;'——这就是!"

因为是在大泽乡的小丘上,这两位军官敢于非议朝政了。然而话一多,勇敢乐观的气氛就愈少。风是刮得更大了。总有七分湿的牛皮甲，本来就冰人，此时则竟是彻骨的寒冷。忍着冻默然相对，仰起脸来让凉雨洒去了无赖的悲哀吧！乡关在何处？云山渺远，在那儿西天，该就是咸阳罢？不知咸阳城里此时怎样了呵！羽林军还是前朝百战的儿郎。但是"闾左"贱奴们的洪水太大了，太大了，咸阳城不免终究要变成大泽乡罢！

回到自己帐幕内的两位军官仍和出去时一样地苦闷空虚，嗒然若丧。他们这阶级的将要没落的黑影，顽固地罩在他们脸上。孤立，危殆，一场拼死活的恶斗，已是不成问题的铁案；问题是他们怎样先下手给敌人一个不意的致命伤。

——先斩两屯长？

——还有九百人呢？

——那，权且算作多少有一半人数是可以威胁利诱的罢？

——收缴了兵器，放起一把火罢？

当这样的意念再在两位军官的对射的目光中闪着的时候，帐外突然传来了这么不成体统的嚷闹：

"守在这里是饿死……到了渔阳……误期……也是死……大家干罢，才可以不死……将官么……让他们醉死！"

接着是一阵哄笑，再接着便是嘈嘈杂杂的听不清的话响。

两军官的脸色全变了，嘴唇有些抖颤。交换了又一次的眼色，咬嘴唇，又剔起眉毛，统治阶级的武装者的他们俩全身都涨满了杀气了，然而好像还没有十分决定怎么开始应付，却是陡地一阵夹雨的狂风揭开了帐门，将这两位，太早地并且不意地暴露在嚷闹的群众的眼前了。面对面的斗争再没有拖延缓和的可能！也是被这天公的多事微微一怔的群众朝着帐内看了。是站着的满脸通红怒眉睁目的两个人。但只是"两个"人！

"军中不许高声！左右！拿下扰乱营房的人！"

拔出剑来的军官大声吆喝，冲着屯长之一叫作吴广的走过来了。

回答是几乎要震坍营帐那样的群众的怒吼声。也有了兵器在手的"贱奴"们今番不复驯顺！像野熊一般跳起来的吴广早抢得军官手里的剑，照准这长官拦腰一挥。剩下的一位被发狂似的部下攒住，歪牵了的嘴巴只泄出半声"哼"。

地下火爆发了！从营帐到营帐，响应着"贱奴"们挣断铁链的巨声。从乡村到乡村，从郡县到郡县，秦皇帝的全统治区域都感受到这大泽乡的地下火爆发的剧震。即今便是被压迫的贫农要翻身！他们的洪水将冲毁了始皇帝的一切贪官污吏，一切严刑峻法！

风是凯歌，雨是进击的战鼓，弥漫了大泽乡的秋潦是举义的檄文；从乡村到乡村，郡县到郡县，他们九百人将尽了历史的使命，将燃起一切茅屋中郁积已久的忿火！

始皇帝死而地分！

一九三〇年十月六日，上海

小巫

一

　　姨太太是姓凌。但也许是姓林。谁知道呢,这种人的姓儿原就没有一定,爱姓什么就是什么。

　　进门来那一天,老太太正在吃孙女婿送来的南湖菱,姨太太悄悄地走进房来,又悄悄地磕下头去,把老太太吓了一跳。这是不吉利的兆头。老太太心里很不舒服。姨太太那一头乱蓬蓬的时髦头发,也叫老太太眼里难受。所以虽然没有正主儿的媳妇,老太太一边吃着菱,一边随口就叫这新来的女人一声"菱姐!"

　　是"菱姐!"老太太亲口这么叫,按照乡风,这年纪不过十来岁姓凌或是姓林的女人就确定了是姨太太的身份了。

　　菱姐还有一个娘。当老爷到上海去办货,在某某百货公司里认识了菱姐而且有过交情以后,老爷曾经允许菱姐的娘:"日后做亲戚来往。"菱姐又没有半个儿弟弟哥哥,娘的后半世靠着她。这也是菱姐跟老爷离开上海的时候说好了的。但现在一切都变了。老太太自然不认这门"亲",老爷也压根儿忘了自己说过的话。菱姐几次三番乘机会说起娘在上海不知道是怎样过日子,老爷只是装聋装哑，有时不耐烦了，他就瞪出眼睛说道：

"喷！她一个老太婆有什么开销！难道几个月工夫，她那三百块钱就用完了么？"

老爷带走菱姐时，给过她娘三百块大洋。老太太曾经因为这件事和老爷闹架。她当着十年老做的何妈面前，骂老爷道：

"到上海马路上拾了这么一个不清不白的臭货来，你也花三百块钱么？你拿洋钱当水泼！四囡出嫁的时候，你总共还花不到三百块；衣箱是假牛皮的，当天就脱了盖子，四囡夫家到现在还当作话柄讲。到底也是不吉利。四囡养了三胎，都是百日里就死掉了！你，你，现在贩黑货，总共积得这么几个钱，就大把大把地乱花！阿弥陀佛，天——雷打！"

老太太从前也是著名的"女星宿"。老爷有几分怕她。况且，想想花了三百大洋弄来的这个"菱姐"，好像也不过如此，并没比镇上半开门的李二姐好多少，这钱真花得有点冤枉。老爷又疼钱又挨骂的那一股子气，就出在菱姐身上。那一回，菱姐第一次领教了老爷的拳脚。扣日子算，她被称为"菱姐"刚满两个月。

菱姐确也不是初来时那个模样儿了。镇上没有像样的理发店。更其不会烫头发。菱姐那一头烫得蓬松松的时髦头发早就困直了，一把儿扎成个鸭屁股，和镇上的女人没有什么两样。口红用完了，修眉毛的镊子弄坏了，镇上买不出，老爷几次到上海又不肯买，菱姐就一天一天难看，至少是没有什么比众不同的迷人力量。

老爷又有特别不满意菱姐的地方。那是第一次打了菱姐后两天，他喝醉了酒，白天里太阳耀光光的，他拉住了菱姐厮缠，忽然看见菱姐肚皮上有几条花纹。老爷是酒后，这来，他的酒醒了一半，问菱姐为什么肚皮上有花纹。菱姐闭着眼睛不回答。老爷看看她的奶，又看看她的眉毛，愈看愈生疑心，猛然跳起来，就那

么着把菱姐拖翻在楼板上,重重地打了一顿,咬着牙根骂道:

"臭婊子!还当你是原封货呢!上海开旅馆那一夜亏你装得那么像!"

菱姐哪里敢回答半个字,只是闷住了声音哭。

这回事落进了老太太的耳朵,菱姐的日子就更加难过。明骂暗骂是老太太每天的功课。有时骂上了风,竟忘记当天须得吃素,老太太就越发拍桌子捶条凳,骂得菱姐简直不敢透气儿。黄鼠狼拖走了家里的老母鸡,老太太那口怨气也往菱姐身上呵。她的手指头直戳到菱姐脸上,厉声骂道:

"臭货!狐狸精!白天干那种事,不怕罪过!怪道黄鼠狼要拖鸡!触犯了太阳菩萨,看你不得好死!不要脸的骚货!"

老爷却不怕太阳菩萨。虽然他的疑心不能断根,他又偏偏常要看那叫他起疑的古怪花纹。不让他看时一定得挨打,让他看了,他喘过气后也要拧几把。这还算是他并没起恶心。碰到他不高兴时,老大的耳刮子刷几下,咕噜咕噜一顿骂。一个月的那几天里,他也不放菱姐安静。哀求他:"等过一两天罢!"没有一次不是白说的。

菱姐渐渐得了一种病。眼睛前时常一阵一阵发黑,小肚子隐隐地痛。告诉了老爷。老爷冷笑,说这不算病。老太太知道了,又是逢到人便三句两头发作:

"骚货自己弄出来的病!天老爷有眼睛!三百块丢在水里也还响一声!"

二

老爷为的贩"货",上海这条路每月总得去一次,三天五天,或是一星期回来,都没准。那时候,菱姐直乐得好比刀下逃命的犯人。虽然老太太的早骂夜骂是比老爷在家时还要凶,可是菱姐近来一天怕似一天的那桩事,总算没有人强逼她了。和她年纪仿佛的少爷也是个馋嘴。小丫头杏儿见少爷是老鼠见了猫儿似的会浑身发抖。觑着没有旁人,少爷也要偷偷地搔菱姐的手掌心,或是摸下巴。菱姐不敢声张,只是涨红了脸逃走。少爷望着她逃走了,却也不追。

比少爷更难对付的,是那位姑爷——老太太常说的那个四囡的丈夫。看样子,就知道他的牛劲儿也和老爷差不多。他也叫她"菱姐"。即使是在那样厉害的老太太跟前,他也敢在桌子底下拧菱姐的腿儿。菱姐躲这位姑爷,就和小杏儿躲少爷差不多。

姑爷在镇上的公安局里有点差使。老爷不在家的时候,姑爷来得更勤,有时腰间挂一个小皮袋,菱姐认得那里面装的是手枪。那时候,菱姐的心就扑扑乱跳,又觉得还是老爷在家好了,她盼望老爷立刻就回家。

镇上有保卫团,老爷又是这里面的什么"董"。每逢老爷从上海办"货"回来,那保卫团里的什么"队长"就来见老爷。队长是两个,贼忒忒的两对眼睛也是一有机会就往菱姐身上溜。屋子里放着两个大蒲包,就是老爷从上海带来的"货"。有一次,老爷听两个队长说了半天话,忽然生气喊道:

"什么!他坐吃二成,还嫌少,还想来生事么?他手下的几个痨病鬼,中什么用!要是他硬来,我们就硬对付!明天轮船上有一百斤带来,你们先去守口子,打一场也不算什么,是他们先不讲交情!——明天早晨五点钟!你们起一个早。是大家的公事,不要怕辛苦!"

"弟兄们——"

"打胜了,弟兄们每人赏一两土!"

老爷不等那队长说完,就接口说,还是很生气的样子。

菱姐站在门后听得出神,不防有人在她肩头拧了一把。"啊哟——"菱姐刚喊出半声来,立刻缩住了。拧她的不是别人,是姑爷!淫邪的眼光钉住在菱姐脸上,好像要一口吞下她。可是那门外又有老爷!菱姐的心跳得忒忒地响。

姑爷勉强捺住一团火,吐一口唾沫,也就走了。他到前面和老爷叽叽咕咕说了半天话。后来听得老爷粗声大气说:

"混账东西!那就干了他!明天早上,我自己去走一趟。"

于是姑爷怪声笑。菱姐听去那笑声就像猫头鹰叫。

这天直到上灯时光,老爷的脸色铁青,不多说话。他拿出一支手枪来,拆卸机件,看了半天,又装好,又上足了子弹,几次拿在手里,瞄准了,像要放。菱姐走过他身边时,把不住腿发抖。没等到吃夜饭,老爷就带着枪出去了。菱姐心口好像压了一块石头,想来想去只是害怕。

老太太坐在一个小小的佛龛前,不出声地念佛,手指尖掐着那一串念佛珠,掐得非常快。佛龛前燃旺了一炉檀香。

捱到二更过,老爷回来了,脸色是青里带紫,两只眼睛通红,似乎比平常小了一些,头上是热腾腾的汗气。离开他三尺就嗅到酒味。他从腰里掏出那支手枪来,拍的一声掼在桌子上。菱姐抖着手指替他脱衣服。老爷忽然摆开一只臂膊,卷住了菱姐的腰,提空了往床上掷去,哈哈地笑起来了。这是常有的事,然而此刻却意外。菱姐不知道是吉是凶,躺在床上不敢动。老爷走近来了,发怒似的扯开了菱姐的衣服,右手捏定那支乌油油的手枪。菱姐吓得手脚都软了,眼睛却睁得挺大。衣服都剥光,那冰冷的枪口就按在菱姐胸脯上。菱姐浑身直抖,听得老爷说:

"先拿你来试一下。看老子的枪好不好。"

菱姐耳朵里嗡一声响,两行眼泪淌下她的面颊。

"没用的骚货,怕死么?嘿——老子还要留着玩几天呢!"

老爷怪声笑着说,随手把枪移下去,在菱姐的下部戳了一下,菱姐痛叫一声,自以为已经死了。老爷一边狞笑,一边把口一张,就吐了菱姐一身和一床。老爷身体一歪,就横在床里呼呼地睡着了。

菱姐把床铺收拾干净,缩在床角里不敢睡,也不能睡。她此时方才觉得刚才要是砰的一枪,对穿了胸脯,倒也干净。她偷偷地拿起那支手枪来,看了一会儿,闭了眼睛,心跳了一会儿,到底又放开了。

四更过后,大门上有人打得蓬蓬响。老爷醒了,瞪直眼睛听了一会儿,捞起手枪来跑到窗口,开了窗就喝道:

"你妈的!不要吵吵闹闹!"

"人都齐了!"

隔着一个天井的大门外有人回答。老爷披上皮袍,不扣钮子,拦腰束上一条绉纱大带子,收紧了,插上手枪,就匆匆地下去。菱姐听得老爷在门外和许多人问答了几句。又听得老爷骂"混蛋",全伙儿都走了。

菱姐看天上,疏落落几点星,一两朵冻住了的灰白云块。她打了一个寒噤,迷迷糊糊回到床上,拉被窝来盖了下身,心里想还是不要睡着好,可是不多时就蒙眬起来,靠在床栏上的头,歪搁在肩膀上了。她立刻就做梦:老爷又开枪打她,又看见娘,娘抱住了她哭,娘发狂似的抱她……菱姐一跳惊醒来,没有了娘,却确是有人压在她身上,煤油灯光下她瞥眼看见了那人的面孔,她吓得脸都黄了。

"少爷！你——"

她避过那拱上她面孔来的嘴巴,她发急地叫。

少爷不作声,两手扭过菱姐的面孔来,眼看着菱姐的眼睛,又把嘴唇拱上去。菱姐的心乱跳,喘着气说:

"你不走,我就要叫人了!"

"看你叫！老头子和警察抢土,打架去了；老奶奶不来管这闲事!"

少爷贼忒忒地说,也有点气喘。他虽然也不过十六七岁,力气却比菱姐大。

"你——这是害我——"

菱姐含着眼泪轻声说,任凭他摆布。

忽然街上有乱哄哄的人声,从远而近；接着就听得大门上蓬蓬地打得震天响。菱姐心里那一急,什么都不顾了。她猛一个翻身,推落了少爷,就跑去关房门,没等她关上,少爷也已经跑到房门边,只说一句"你弄昏了么?"就溜出去了。

菱姐胡乱套上一件衣,就把被窝蒙住了头,蜷曲在床里发抖。听楼底下是嚷得热闹。一会儿,就嚷到她房门外。菱姐猛跳起来,横了心,开房门一看,五六个人,内中有老爷和姑爷。

老爷是两个人抬着。老爷的皮袍前襟朝外翻转,那雪白的滩皮长毛上有一堆血冻结了。把老爷放在床上后,那几个都走了,只留着姑爷和另一个,那是队长。老爷在床上像牛叫似的唤痛。队长过去张一眼,说道:

"这伤,镇上恐怕医不好。可是那一枪真怪；他们人都在前面,这旁边打来的一枪真怪！这不是流弹。开枪的人一定是瞄准了老头子放。可是那狗局长也被我们干得痛快!"

菱姐蹲在床角里却看见队长背后的姑爷扁着嘴巴暗笑。

老太太在楼底下摔家具嚷骂：

"报应得好！触犯太阳菩萨！都是那臭货！进门来那一天，我就知道不吉利！请什么朗中，打死那臭货就好了！打死她！"

三

日高三丈，镇上人乱哄哄地都说强盗厉害。商会打长途电话给县里，说是公安局长"捕盗"阵亡，保卫团董"协捕"也受重伤。县里转报到省，强盗就变成了土匪，"聚众二三百，出没无常，枪械犀利。"省里据报，调一连保安队来"痛剿"。

保安队到镇那一天，在街上走过，菱姐也看见。她不大明白这些兵是来帮老爷的呢，还是来帮姑爷。不知道凭什么，她认定老爷是被姑爷偷偷地打了一枪。可是她只放在肚子里想，便是少爷面前她也不曾说过。

老爷的伤居然一天一天好起来了。小小一颗手枪子弹还留在肉里，伤口却已经合缝。菱姐惟恐老爷好全了，又要强逼她。

背着人，她要少爷想个法子救她。少爷也没有法子，反倒笑她。

又过了几天，老爷能够走动了。菱姐心慌得饭都吃不下。

老爷却也好像有心事，不和菱姐过分厮缠。队长中间的一个，常来和老爷谈话。声音很低。老爷时常皱眉头。有一次，菱姐在旁边给老爷弄燕窝，听得那队长说：

"商会里每天要供应他们三十桌酒饭，到现在半个多月，商会里也花上两千多块钱了。商会里的会长老李也是巴不得他们马上就开拔，可是那保安队的连长说：上峰是派他来剿匪的，不和土匪见一仗,他们不便回去销差。——"

"哼！他妈的销差！"

老爷咬紧了牙根说,可是眉头更皱得紧了。队长顿一下,挨到老爷耳朵边又说了几句,老爷立刻跳起来喊道：

"什么！昨天他们白要了三十两川土去,今天他们得步进步了么？浑蛋！"

"还有一层顶可恶。他们还在半路里抢！我们兄弟派土到几家大户头老主顾那里去,都被他们半路里强抢去了。他们在这里住了半个月,门路都熟了！"

"咄！那不是反了！"

老爷重拍一下桌子,气冲冲说,脸上的红筋爆起,有小指头那么粗。菱姐看着心里发慌,好像老爷又要拿枪打她。

"再让他们住上半个月,我们的生意全都完了！总得赶快想法子！"

队长叹一口气说。老爷跟着也叹一口气。后来两个人又唧唧哝哝地说了半天,菱姐看见老爷脸上有点喜色,不住地点头。临走的时候,那队长忽然叫着老爷的诨名说道：

"太岁爷,你放心！我们悄悄地装扮好了去,决不会露马脚！还是到西北乡去的好,那里的乡下老还有点油水,多少我们也补贴补贴。"

"那么,我们巡风的人要格外小心。打听得他们拔队出镇,我们的人就得赶快退；不要当真和他们交上一手,闹出笑话来！"

老爷再三叮嘱过后,队长就走了。老爷板起脸孔坐在那里想了半晌,就派老妈子去找姑爷来。菱姐听说到"姑爷",浑身就不自在。她很想把自己心里疑惑的事对老爷说,但是她到底没有说什么,只自管避开了。

姑爷和老爷谈了一会儿，匆匆忙忙就去。在房门边碰到菱姐时，姑爷做一个鬼脸，露出一口大牙齿望着菱姐笑。菱姐浑身汗毛直竖，就像看见一条吐舌头的毒蛇。

晚饭时，老爷忽然又喝酒。菱姐给老爷斟一杯，心里就添一分忧愁。她觉得今晚上又是难星到了。却是作怪，老爷除了喝酒以外，并没别的举动。老爷这次用小杯，喝的很慢很文雅，时时放下杯子，侧着耳朵听。到初更时分，忽然街上来了蒲达蒲达的脚步声，中间夹着有人喊口令。老爷酒也不喝了，心事很重的样子歪在床上叫菱姐给他捶腿。又过了许多时候，远远地传来劈啪劈啪的枪声。老爷蓦地跳起来，跑到窗前看。西北角隐隐有一片火光。老爷看过一会儿，就自己拿大碗倒酒喝了一碗，摇摇头，伸开两只臂膊。菱姐知道这是老爷要脱衣服了，心里不由的就发抖。但又是作怪，老爷躺在床上让菱姐捶了一会儿腿，竟自睡着了。

第二天，菱姐在厨房里听得挑水的癞头阿大说，昨夜西北乡到了土匪，保安队出去打了半夜，捉了许多通土匪的乡下人来，还有一个受伤的土匪，都押到公安局里。

老太太又在前面屋子里拍桌子大骂：

"宠了个妖精，就和嫡亲女婿生事了！触犯太阳菩萨——"

菱姐把桂圆莲子汤端上楼去，刚到房门外，就听得老爷厉声说道：

"你昏了！对我说这种话！"

"可是上回那一枪你还嫌不够？"

是姑爷的咬紧了牙齿的声音；接连着几声叫人发抖的冷笑，也是姑爷的声音。菱姐心乱跳，腿却还在走，可是，看见姑爷一扬手就是乌油油的一支手枪对准了老爷，菱姐腿一软，浑身的血就都好像冻住。只听得老爷喝一声：

"杀胚！你敢——"

砰！

菱姐在这一声里就跌在房门边，她还看见姑爷狞起脸孔，大踏步从她身边走过，以后她就人事不知。

四

枪杀的是老爷，不是菱姐；但菱姐却病了，神志不清。她有两天工夫，热度非常高；脸像喝酒一般通红，眼睛水汪汪地直瞪。她简直没有吃东西。胡言乱语，人家听不懂。第三天好些了，人是很乏力似的，昏昏地睡觉。快天黑的时候，她忽然醒来觉得很口渴，她看见小杏儿爬在窗前看望。她不明白自己为什么躺在床上；过去的事，她完全忘了。她想爬起来，可是身体软得很。

"杏儿！爬在那里看什么？留心老爷瞧见了打你呢！"

菱姐轻声说，又觉得肚子饿，小杏儿回头来看着她笑。过了一会儿，小杏儿贼忒嘻嘻地说道：

"老爷死了！喏——就横在这里的，血，一大淌！"

菱姐打一个寒噤，她的记忆回复过来了。她的心又扑扑跳，她又不大认得清人，她又迷迷糊糊像是在做梦了。她看见老爷用枪口戳在她胸脯上，她又看见姑爷满脸杀气举起枪对准了老爷，末后，她看见一个面孔——狞起了眉毛的一个面孔，对准她瞧。是姑爷！菱姐觉得自己是喊了，但自己听得那喊声就像是隔着几重墙。这姑爷的两只手也来了。揭去被窝，就剥她的衣服。她觉得手和腿都不是她的了。后来，她又昏迷过去了。

这回再清醒过来时，菱姐自以为已经死了。房里已经点了

灯。有一个人影横在床上。菱姐看明白那人是少爷,背着灯站在床前,离她很近。菱姐呻吟着说:

"我不是死了么?"

"哪里就会死呢!"

菱姐身体动一下,更轻声地说:

"我——记得——姑爷——"

"他刚刚出去。我用一点儿小法儿骗他走。"

"你这——小鬼!"

菱姐让少爷嗅她的面孔,轻声说,她又觉得肚子饿了。

听少爷说,菱姐方才知道老爷的"团董"位子已经由姑爷接手。而且在家里,姑爷也是什么事都管了去。菱姐怔了一会儿,忍不住问少爷道:

"你知道老爷是怎样死的?"

"老头子是自己不小心,手枪走火,打了自己。"

"谁说的?"

"姐夫说的。老奶奶也是这么说。她说老头子触犯了太阳菩萨,鬼使神差,开枪打了自己。还有,你也触犯太阳菩萨。老头子死了要你到阴间阎王前去做见证,你也死去了两三天,就为的这个。"

菱姐呆起脸想了半天,然后摇摇头,把嘴唇凑在少爷耳朵上说:

"不是的!老爷不是自己打的!你可不要说出去,——我明明白白看见,是姑爷开枪打死了老爷的!"

少爷似信不信的看着菱姐的面孔。过一会儿,他淡淡地说:

"管他是怎样死的。死了就算了!"

"嗳,我知道姑爷总有一天还要打死你!也有一天要打死我。"

少爷不作声了,眯细了眼睛看菱姐的面孔。

"总有一天他要打的。要是他知道了我和你——有这件事!"

菱姐说着,就轻轻叹一口气。少爷低了头,没有主意。菱姐又推少爷道:

"看你还赖着不肯走!他要回来了!"

"嘻,你想他回来么?今天他上任,晚上他们请他在半开门李二姐那里喝酒,还回来么?嘿,你还想他回来呢!"

"嚼舌头——"

菱姐骂了一声,也就不再说什么。可是少爷到底有点胆怯,鬼混了一阵,也就走了。菱姐昏昏沉沉睡了不知多少时候,被一个人推醒来,就听得街上人声杂乱,劈啪劈啪的声音很近,就像大年夜放鞭炮似的。那人却是少爷,脸色慌张,拉起菱姐来,一面慌慌张张地说:

"当真是土匪来了!你听!枪声音!就在西栅口打呢!"

菱姐心慌,说不出话来,只瞪直了眼睛看窗外。一抹金黄色的斜阳正挂在窗外天井里的墙角。少爷催她穿衣服,一面又说下去:

"前次老头子派人到西北乡去抢了,又放火;保安队又去捉了几个乡下人来当作土匪;这回真是土匪来了!土匪里头就有前次遭冤枉的老百姓,他们要杀到我们的家里来——"

一句话没完,猛听得街上发起喊来。夹着店铺子收市关店的木板碰撞的声音。少爷撇下了菱姐,就跑下楼去。菱姐抖着腿,挨到靠街的一个窗口去张望,只见满街都是保安队,慌慌张张乱跑,来不及"上板"关门的铺子里就有他们在那里抢东西。砰!砰!他们朝关紧的店门乱放枪。菱姐腿一软,就坐在楼板上了。

恰好这时候,少爷又跑进来了,一把拖住菱姐就走,气喘喘地喊道:

"土匪打进镇了!姐夫给乱枪打死!——嗳,怎么的,你的两条腿!"

老太太还跪在那小小的佛龛跟前磕头。少爷不管,死拖住了菱姐从后门走了。菱姐心里不住地自己问自己:"到哪里去?到哪里去?"可是她并没问出口,她又想着住在上海的娘,两行眼泪淌过她的灰白的面颊。

突然,空中响着嗤,嗤,嗤的声音。一颗流弹打中了少爷。像一块木头似的,少爷跌倒了,把菱姐也拖翻在地。菱姐爬一步,朝少爷看时,又一颗流弹来了,穿进她的胸脯。菱姐脸上的肉一歪,不曾喊出一声,就仰躺在地上不动了,她的嘴角边闪过了似恨又似笑的些微皱纹。

这时候,他们原来的家里冲上一道黑烟,随后就是一亮,火星乱飞。

一九三二年二月二十九日

当铺前

一

东方刚刚发白,那呜呜的小火轮的汽笛声就从村外的小河里送到村里来了。小火轮在这河里行驶,总也有五六年了;河道是很狭的,小火轮经过时卷起了两股巨浪,豁剌剌地冲击着那些沿河的"田横埂",叫乡下人叫苦。像前年发大水的时候啊,这小火轮恶狠狠地开着快车走过,就像河里起了蛟,轰轰轰地,三五尺高的水头打过那些田横埂,直灌进稻田里去了。

所以村里的农民一听了那汽笛声就发恨。发大水的时候,他们想过许多方法不许那小火轮行走这条河道,他们到十几里路外的轮船局里闹过,他们又听了什么人的指教到镇上那"区公所"里递过禀帖,然而都没有效果;后来他们就直接行动了,等那小火轮走过的时候,全村五六十人一个总动员,石子泥块像雨点一般打过去,小火轮发疯似的叫着,逃命似的走着。第二天,果然没有听到那鬼哭一般的汽笛叫。小火轮绕出这一段河道了。可是第三天,区公所派了人下乡来,说要严办指使暴动的人。第四天,小火轮依然横冲直撞地行过了,船上有保卫团,挺起枪,预备放!乡下人自然懂得枪弹比石子厉害，而况区公所又要抓人，只好忍气吞声天天把冲坏了的田横埂修整加高。

现在的情形又不同了。小火轮改了班，经过这条河道时，正好是东方打白，乡下人从梦里醒来。那火轮船也不是从前那样大家伙，而是小巧的叫作什么柴油轮船。因为今年是旱得太久，河水浅了，只有这小巧的柴油轮船还能够勉强开过去，而且轮船公司生意清淡，哪怕是小船啊，舱里也还是空落落的。这些事，乡下人本来不管他娘的账，但是那柴油轮船走过的时候总在快天亮，那呜呜的叫声也恰好代替了报晓鸡，——开春以来就把杂粮当饭吃的村里人早就把鸡卖得精光，所以这一向听着可恨的汽笛声现在对于村里人居然有点用处了。

天像有点雾，没有风。那惨厉的汽笛声落到那村庄上，就同跌了一跤似的，尽在那里打滚。又像一个笨重的轮子似的，格格地碾过那些沉睡的人们的灵魂。

村东头的一间矮屋里闪着灯光，寸半长的铜元圈儿那么粗的白烛头在悄悄地滴着蜡泪。这矮屋的居住者王阿大当汽笛叫了第一声时就像被人家打一棍似的从床上跳起身来，现在他匆匆忙忙地在烛光下打叠一个小包袱。他们要不是万分紧急，怎么肯点这宝贵的烛头。这还是三个月前王阿大到镇上一家做丧事的人家"吃饭白相帮"做了三天临时工役带回来的宝贝。他这短差，虽说没有工钱，饭是让他尽肚子装的；村里人到现在还常常讲起，夸羡他的好运气。何况还带来了这么一个粗大的蜡烛头。但那是三个月以前的事了，王阿大在丧事人家的三天里虽然把肚子装饱，也早就饿瘪，昨天又吃完了最后的一点儿麸皮和豆子，这时他把几件旧衣服包起来，打算拿到镇上去上当铺。

"这件也包了去罢！"

阿大的老婆撂过一件半新的土布棉袄来,阴凄凄地说。

"也包了去?你穿什么呢?"

王阿大一面回问,一面拎着那件半新的土布棉袄,决不定主意。

"唉!"

那女人只哼了一声,缩着头,对丈夫摇手。

王阿大迟疑地打开了那包袱,把一叠旧衣服一件一件看了又看,手指头把不住发抖,这里的每一件衣服都是一个伤心的故事。那蓝布夹袄上的几点血迹,他是去年跟村坊里的人到那轮船局里去吵闹被人家一拳打破了鼻子的时候沾上去的;那花洋布的女裤又是老婆大前年做奶妈的时候向女主人讨来的,——老婆为的想做奶妈挣几个钱帮家用,还债,硬着心肠溺死了自己第二胎的女孩子,她到现在看见这花洋布裤子就要掉眼泪;还有,还有一身蓝绵绸的棉袄裤,是从死了的十三岁大女儿招弟的尸身上剥下来①,招弟是前年水灾的时候活活饿死的……

这一个小小的包袱就是王阿大夫妻俩惨痛的生活史!

可是他们这全部惨痛生活史的唯一纪念品,——也是他们现在所有的全部财产,在典当朝奉的眼睛里看来,也许不值一块钱呢!

王阿大鼻孔里呼噜了两声,忍住了眼泪,抖着手指,再拿起老婆撂给他的半新的棉袄来。棉袄上还留着老婆身上的热气和那特别的汗臭,王阿大猛觉得心里像刀割似的,抱住了那棉袄,就哭起来了。

女人却不哭,睁大了眼睛发怔。她也想起了自己硬着头皮溺

---

① 他们乡间的习惯,死人不能光着身体去见阎王,所以即使是极贫苦的人家当把死者放进薄皮棺时,也须穿了棉袄裤。

在马桶里闷死的第二胎的女孩子,她的心就像冰冻住了似的。

忽然她浑身一跳,就扑到床上,从破棉絮堆里抱过那不满半岁的孩子,紧紧偎在胸前,好像怕被人家夺了去。

Hon-ah！Hon-ah！

婴孩啼了,那声音像是哑嗓子的小猫。女人解开了衣,把干瘪的乳房塞到孩子嘴里,摇着身子。孩子吮住了乳头,也就不作声。

"包在一起,赶快走罢！——到迟了,当不进去,今天就没有吃的！"

女人望着丈夫这边,轻声说。

白烛头的火焰跳了一下,便又奄奄地矮下去了。门缝里透进白光。

王阿大抬起头来,叹一口气,把老婆那件棉袄包进了包袱,却把自己身上的破烂夹袄脱下来,望老婆床上一丢,就转身开那板门了。

"外边比不得屋里！你一件单衣不冷么？你穿了去！"

女人抱着孩子跳下床来,哽着咽喉叫。

王阿大不回答。一阵风扑向屋里来,白蜡烛头吹熄了,王阿大和他的女人都冷得发抖。哇的一声,女人怀里的婴孩哭起来了。那干枯的乳房不能使他满足。王阿大机械地回头看了那孩子一眼,就咬着牙齿,挟着那包袱,拔步走了。

女人到廊檐口又唤了她丈夫一声,也就站住了,阴凄凄的一双眼里充满了眼泪。她本能地换一个乳房给孩子吮,又回到房里,坐在破竹凳上。风像剪刀似的吹来。她冷得嘴唇都麻木了。她关上门,又披上丈夫让给她的破烂夹袄,可还是浑身发抖。但想到丈夫拿去的一包衣服总该当几文钱来买米,她又惨然一笑。

这时候,她方才觉得自己的没有乳汁的乳头被饿狠了的孩子吮得作痛。她紧紧地抱住那孩子,觉得暖些,她惘然看着孩子的瘦脸,那小小额角上的嫩皮起了皱纹,像个老太婆。

二

王阿大急步跑了半个钟头光景,天已大明,可没有太阳。因为跑了路,他倒不觉得冷了,额角上还有汗珠。可是肚子里咕咕地叫起来了。起初还勉强熬得住,后来却越叫越勤,王阿大两条腿渐渐发重。

他咽下几口唾沫,慢慢地走。

他走得那样慢,简直不像是乡下人。三四起的邻村的农民赶过了他前头,他们都是上镇去的。

到了那有名的马家坟时,王阿大便坐在坟堆前那坍塌的石凳上歇一口气。直楠树的红叶子落到他脚边,他拾了一张叶子放在嘴里咬着。头顶有麻雀叫。他咽下了一口树叶子的苦汁,仰脸看那些麻雀。

那边远远一座桥。桥背后就有黑簇簇的房屋。这就是镇市梢。

啵！啵！啵！

镇市梢那机器碾米厂的汽管骄傲地叫着。

咕！咕！咕！王阿大的肚子又一次猛烈地叫着。并且他听出那叫声里还有他的不满半岁的儿子哑哑地哭。他急急忙忙跳起来,紧紧地挟着那包袱,就向镇上跑。

"到迟了,当不进去,今天就没有吃的了！"

老婆的话又在王阿大耳边响。他把裤腰带收紧些,没命地跑。他赶上了许多在前面走的农民。疯子似的直扑到那当铺的大门外,方才住脚。

当铺的两扇黑油大门还没有开,然而守在门外的人可已经不少。有几个店铺才只开了半扇门,跂着皮鞋的伙计探头到门口看了一眼,咳着,把痰吐在街心石板上。小乞丐似的学徒提着水吊子懒懒地走过。赶早市的糕团铺伙计顶着热气蓬蓬的蒸笼,接连吆喝着"糕呀,糕呀!"眨眨眼就跑过了。

守在当铺门外的穷人队伍,时时刻刻在增加,把那一段街道挤得没有空隙。他们都望着那一对乌油大门,他们都想挤到门前。王阿大挟着他的衣包也在人堆里挤。在他旁边,有一个红眼睛的老太婆,抱着一卷土布,瘪嘴唇翕翕地动,好像在那里念佛,也想挤到前面去。

忽然一个鱼贩子挑着一担鱼,远远地吆喝着来,要穿过这当铺门前的密集队伍。这鱼贩子的担子,前面是一个木桶,满满地装着水和活鱼,后面是一个筐子,盛着带泥的蚌;他用那水桶开路,摇摇摆摆冲进来。

人堆里起了扰动了。那红眼睛的老太婆,一心想挤上当铺门前去,不防斜刺里冲出那鱼贩子的扁担来,一头撞着,就跌倒了。木桶里的水泼了满地,川条鱼在石板上跳。

"撞倒了老太婆了!大家不要挤啊!"

王阿大喊起来,用背脊和屁股抵住了挤紧来的人们。

"啊哟哟!不要踩了我的鱼啊!——嘿,官路大家走得!"

鱼贩子赶快歇下担子,一面嚷,一面弯着腰在人腿缝里捉活鱼。

老太婆却已经爬起来,拍着手骂那鱼贩子"瞎了眼"。一会儿她记起了她的布,慌忙在地上捡起来,那白布却已变成灰布了。老太婆的骂就也变成了哭。然而人们依然挤紧来。老太婆没有工夫尽哭,夹在人堆里再向前挤,一面慌慌忙忙把泥污了的一段布在她的破衣服上揩擦。

王阿大好容易挤到了那一对乌油门前。他一身臭汗,肚子里只管咕咕地叫。背靠着那门,坐在地下的,有一位脸色青白的青年女人,仰起一对惊惶的眼睛朝天空看。女人的旁边有乡下人,也有镇上人,都把身子贴在那门上。

"哎!施粥厂门外也没有这般挤呀!"

有人在王阿大耳朵边叹着气说。

"荒年荒时,哎!——几时开门呢?"

王阿大松一松腰,也叹口气,好像是回答那耳边的人。他说那句"几时开门呢"的当儿,虽则有几分焦灼,可实在还带点自慰的意味;他总算没有落后,挤到这门前时,门还没开,他的小衣包也许能够顺利地换成钱。

"说是要到九点才开哪!——喂,不是已经九点了么?"

坐在地下的年青女人接口说,眼睛看着王阿大。

"一定是九点过头了,我跑了十多里路,谁知道门还没开!"

王阿大回答,用手背去抹额角上的汗。

"十多里路么?可是我呢,我是天还没有发亮的时候就来这里坐着守的!他们几位比我慢几步。我们守了好半天了!又饿又冷!牢门还不开!这忽儿,人又那么多了!"

年青女人气虎虎地说着,把肘弯在门上撞了几下。

"还不开门么?开门呀!"

旁边的人也都喊起来,拳头捶得那乌油门蓬蓬地响。

王阿大的拳头够不到那门,就在那里嚷,他觉得嚷一阵,肚子叫就好了些。他背后的人们也在嚷。可不是嚷"开门",却是嚷"挤上前去"。王阿大也巴不得能够再上前,可是在他前面有那青年女人,女人背后又是门,他只好把背脊和屁股抵住了后面的推挤。

现在这一条街上的店铺也都开市了。卸店板的声音,劈劈拍拍传来,王阿大也听得。然而他面前那对乌油门依然关得紧紧的。

他回头去看一眼。那是几层的人,有涨红的脸,也有灰白喘气的脸。都在嘈嘈地嚷骂,恨那当铺不肯早点开门。

"嗳,喔唷,喔唷!"

那青年女人忽然咬紧着牙关哼起来了,两手捧着肚子。

等待着的人们只是呼噪着"开门",谁也没有注意这女人。

王阿大因为是面对面站着,只他看清了那女人的惨痛的挣扎有点异样。他记得曾经见过这样捧着肚子哼的形状,可是他一时记不清。女人哼了一会儿,便也不作声,她慢慢地抬起头来,额角上是青筋直爆,黄豆大的汗珠,嘴唇上两个深深的齿痕,眼睛里充满了惊惶。

她看了王阿大一眼,又看看左边和右边,好像有什么话想找个适当的人告诉。

但此时人们突然发一声喊:开了!王阿大面前的两扇乌油门闪开一条缝。人们又一声喊,王阿大再也站不稳了,昏头昏脑撞了几步,身子已经在乌油门内了,却又听得一声刺耳的惨叫,接着是男人的声音狂喊道:

"不好了!踏倒一个女人了!一个大肚子的女人!"

王阿大就像浸在冰水里冷得浑身颤抖。他想站住,可是不行。人们像潮水似的涌来,将他直推到那高高的柜台前面,将他挤在柜台边,透不过气。

柜台边是无数的手,各式各样的旧衣服,小包袱。

王阿大本能地也挣出他那拿着包袱的手来,插进了那手的林,他暂时忘记了那一声刺耳的惨叫,和那惨痛挣扎的女人的面孔。他也学着他那一伙人直着喉咙乱嚷"朝奉先生"。

他看见一个朝奉走过来了。但是那朝奉接了别人手里的东西。

他看见左边又有一个朝奉皱着眉头把几件蓝布衣服直撂到柜台外人堆里,大声吆喝着:

"烂东西!不当!"

他又看见自己面前那个朝奉拎起两件绸衣喊道:

"一块钱!"

"两块,行吗?是新的呢!"

有人在王阿大身边蹑起了脚对柜台上说。但是那朝奉并没回答,把那两件绸衣直撂下来,就去接另一个人手里的东西了。

这是雪白光亮的一车丝。朝奉拿在手里掂了一掂,也喝道:

"一块钱!"

丝的主人略迟一些回答,那朝奉早就撒下丝。王阿大乘这机会把自己的包袱凑上去,心里把不住扑扑地跳。

"什么!你来开玩笑么?这样的东西也拿来当!"

朝奉刚打开了包袱,立刻就捏住了鼻子,连包袱和衣服推下柜台来,大声喝骂。

王阿大像当头吃了一棍子,昏头昏脑地不知道怎样才好。他机械地弯着腰在人脚的海里捞他的几件宝贝衣服。同时他的耳朵里呜呜地响;他听得老婆哭,孩子哭;他听得自己肚子叫。

等到他从地下人脚缝里捞起他的衣服来,打算换一个地点再

作第二次尝试——挑一个面相和气的朝奉来碰碰运气的时候,他听得人们乱哄哄地喊道:

"怎么?不过一管烟的工夫,一百二十元就当满了么?今天就止当了么?就停当候赎了么?"

王阿大叹一口气,知道今天又是白跑一趟,他失神似的让人们把他拥着推着,直到了那乌油的大门边。他猛一低头,看见门槛石上有一滩紫黑的血迹。于是他立刻又听得了那女人的刺耳的惨呼,并且他猛然想起了那女人的捧着肚子哼的样子就同他自己的老婆去年在水车旁边生产那孩子的时候一样。

于是王阿大想起了他自己的没有奶吃的半岁的孩子,想到了老婆的一身瘦骨头和两只干瘪的乳房,他的心就同一块石头似的发沉了。

大鼻子的故事

一

在"大上海"的三百万人口中,我们这里的主角算是"最低贱"的。

我们有时瞥见他偷偷地溜进了三层楼"新式卫生设备"的什么"坊"什么"村"的乌油大铁门,爬在水泥的大垃圾箱旁边,和野狗们一同,掏摸那水泥箱里的发霉的"宝贝"。他会和野狗抢一块肉骨头,抢到手时细看一下,觉得那粘满了尘土的骨头上实在一无可取,也只好丢还给本领比他高强的野狗。偶然他捡得一只烂苹果或是半截老萝卜,——那是野狗们嗅了一嗅掉头不顾的,那他就要快活得连他的瘦黑指头都有点发抖。他一边吃,一边就更加勇敢地挤在狗群中到那水泥箱里去掏摸,他也像狗们似的伏在地上,他那瘦黑的小脸儿竟会钻进水泥箱下边的小门里去。也许他会看见水泥箱里边有什么发亮的东西,——约莫是一个旧酒瓶或是少爷小姐们弄坏了的玩具,那他就连肚子饿也暂时忘记,他伸长了小臂膊去抓着掏着,恨不得连身子都钻进水泥箱去。可是,往往在这当儿,他的屁股上就吃了粗牛皮靴的重重的一脚:凭经验,他知道这一脚是这"村"或"坊"的管门巡捕赏给他的。于是他只好和那些尾巴夹在屁股间的野狗们一同,悄悄逃出那乌油大铁门,再到别地方进行他的"冒险"事业。

有时他的运气来了,他居然能够避过管门巡捕的眼睛,趸到三层楼"新式卫生设备"的一家的后门口,而又凑巧那家的后门开着,烧饭娘姨正在把隔夜的残羹冷饭倒进"泔脚桶"去,那时他可要开口了;他的声音是低弱到听不明白的,——听不明白也不要紧,反正那烧饭娘姨懂得他的要求,这时候,他或者得半碗酸粥,或者只得一个白眼,或者竟是一句同情的然而于他毫无益处的话语:"去,不能给你!泔脚是有人出钱包了去的!"

以上这些事,大概发生在每天清早,少爷小姐们还睡在香喷喷的被窝里的时候。

这以后,我们也许会在繁华的街角看见他跟在大肚子的绅士和水蛇腰长旗袍高跟鞋的太太们的背后,用发抖的声音低唤着"老爷,太太,发好心呀"。

在横跨苏州河的水泥钢骨的大洋桥脚下,也许我们又看见他忽然像一匹老鼠从人堆里钻出来,蹿到一辆正在上桥的黄包车旁边,帮着车夫拉上桥去;他一边拉,一边向坐车的哀告:"老爷,(或是太太,……)发发好心!"这是他在用劳力换取食粮了,然而他得到的至多是一个铜子,或者简直没有。

他这样的"出卖劳力",也是一种"冒险生意"。巡捕见了,会用棍子教训他。有时巡捕倒会"发好心",装作不见,可是在桥的两端有和他同样境遇然而年纪比他大,资格比他老的同业们,却毫不通融,会骂他,打他,不许他有这样"出卖劳力"的自由!

就是这样的"冒险生意"也有人分了地盘在"包办",而且他们又各有后台老板,不是随便可以自由营业的。

但是我们这位主角也有极得意的时候。

这,通常是在繁华的马路上耀亮着红绿的"霓虹灯",而僻静的小巷里却只有巷口一盏路灯的冷光的时候。我们的主角,这时候,也许机缘凑巧,联合了五六个乃至十来个和他年纪相仿的同志,守在这僻静的小巷里。于是守着守着,巷口会发现了一副饭担子,也是不过十二三岁的一个孩子挑着,是从什么小商店里回来的。这是一副吃过的饭担子了,前面的竹篮里也许只有些还剩得薄薄一层油水的空碗空碟子,后面的紫铜饭桶里也许只有不够一人满足的冷饭,但是也许运气好,碗里和碟里居然还有呷得起的油汤或是几根骨头几片癫菜叶,桶里的冷饭居然还够喂一条壮健的狗;那时候,因为优势是在我们的主角和他的同志这边,挑空饭担的孩子照例是无抵抗的。我们的主角就此得了部分的满足,舐过了油腻的碟子以后,呼啸而去。

然而我们这位主角的"家常便饭"终究还是挨骂,挨棍子,挨皮靴;他的生活比野狗的还艰难些。

二

在"大上海"的三百万人口中,像我们这里的主角那样的孩子究竟有多少,我们是不知道的。

反过来说,在"大上海"的三百万人口中,究竟有多少孩子睡在香喷喷的被窝而且他们的玩厌了弄坏了的玩具丢在垃圾箱里引得我们的主角爬进去掏摸,因此吃了管门巡捕的一脚的,我们也不大晓得。或者两方面的数目差得不多罢,或者睡香喷喷的被窝的,数目少些,我们也暂且不管。

可是我们却有凭有据的晓得:在"大上海"的三百万人口当中,大概有三十万到四十万的跟我们的主角差不多年纪的孩子,在丝厂里,火柴厂里,电灯泡厂里,以及其他各式各样的工厂里,从早上六点钟到下午六点钟让机器吮吸他们的血!是他们的血,说一句不算怎么过分的话,养活了睡香喷喷被窝的孩子们以及他们的爸爸妈妈的。

我们的主角也曾在电灯泡厂或别的什么厂的大门外看见那些工作得像人蜡似的孩子们慢慢地走出来。那时候,如果他的肚子正在咕咕地叫,他是羡慕他们的,他知道他们这一出来,至少有个"家"(即使是草棚)可归,至少有大饼可咬,而且至少能够在一个叫作屋顶的下面睡到明天清早五点钟。

他当然想不到眼前他所羡慕的小朋友们过不了几年就会被机器吮吸得再不适用,于是被吐了出来,掷在街头,于是就连和野狗抢肉骨头的本领也没有,就连"拉黄牛"过桥的力气也没有,就连……不过,这方面的事,我们还是少说些罢,我们还是回到我们的主角身上。

他不是生下来就没有"家"的。怎样的一个"家",他已经记不明白。他只模糊记得:那一年忽然上海打起仗来,"大铁鸟"在半空里撒下无数的炸弹,有些落在高房子上,然而更多的却落在他"家"所在的贫民窟,于是他就没有"家"了。

同时他亦没有爸爸和妈妈了。怎样没有了的,他也不知道;爸爸妈妈是怎样个面目,现在他也记不清了,那时他只有七八岁光景,实在太小一点;而且爸爸妈妈在日,他也不曾看清过他们的面目。天还黑的时候他们就出去,天又黑了他们才回来,他们也是喂什么机器的。

不过,他有过爸爸妈妈,而且怎样他变成没有爸爸妈妈,而且是谁夺了他的爸爸妈妈去,他是永久不能忘记的。他又明白记得:没有了爸爸妈妈以后,他夹在一大群的老婆子和孩子们中间被送进了一个地方,倒也有点薄粥或是发霉的大饼吃。约莫过了半年,忽然有一天一位体面先生叫他们一伙儿到一间屋子里去一个一个问,问到他的时候,他记得是这样的:

"你有家么?"

他摇头。

"你有亲戚么?"

他又摇头。

于是那位体面先生也摇了摇头。用一支铅笔在一张纸上画一笔,就叫着另外一个号头了。

这以后,不多几天,他就糊里糊涂被掷在街头了,他也糊里糊涂和别的同样情形的孩子们做伴,有时大家很要好,有时也打架,他也和野狗做伴,也和野狗打架;这样居然拖过了几年,他也惯了,他莽莽漠漠只觉得像他这样的人大概是总得这样活过去的。

三

照上面所说,我们这里的主角的生活似乎颇不平凡然而又实在平凡得很。他天天有些"冒险"经历,然而他这样的"冒险"经历连搜奇好异的"本埠新闻"版的外勤记者也觉得不够新闻资格呢。

好罢,那么,我们总得从他的不平凡而又平凡的生活中挑出一件"奇遇"来开始。

何年何月何日弄不清楚,总之是一个不冷不热没有太阳也没刮风也没下雨的好日子。

这一天之所以配称为他生活史上的"奇遇",因为有这么一回事。

大约是午后两点钟光景,他蹲在一个"公共毛厕"的墙脚边打瞌睡。这是他的地盘,是他发见,而且曾经流了血来确定了他的所有权的。提到他这发见,倒也有一段小小的历史,那是很久的事了,他第一次看见这漂亮的公共毛厕就觉得诧异:这小小的盖造得颇讲究的房子到底是"人家"呢,还是"公司"?那时正有一位大肚子穿黑长衫的走了进去,接着又是一位腰眼里挂着手枪的巡捕,接着又是一位洋装先生,——嘿,都是阔人,都是随时有权力在他身上踢一脚的阔人,他就不敢走近去。他断定这小屋子至少也是"写字间"了,不免肃然起敬。然而忽然他又看见从另一门里走出一个女人来,却不像阔人们的女人。接着又有一个和他差不多的孩子也进去了,这可使得他大大不平,而且也胆壮起来了,他偷偷地蹩近些一看,这才恍然大悟:原来那些阔人们进去办的是那么一桩"公"事!他觉得被欺骗了,被冤枉地吓一下了,他便要报仇;他首先是想进去也撒他妈的一泡尿,然而蓦地又见新进去一人把一个铜子给了门口的老婆子,他又立即猜想到中间一定还有"过门",不可冒昧,便改变方针,只朝那小屋子重重吐一口唾沫,同时拣定门边不远的墙脚蹲了下去,算是给这骇了他的小屋子一种侮辱。

那时,他并没有把这公共毛厕的墙脚作为他的地盘的意思。然而先前进去的和他差不多的那个孩子这当儿出来了,忽然也蹲到他身边,也像他那样背靠着墙,伸长两条腿,摆成一个"八"字。他又大大地不平。

"嗨!哪里来的小乌龟!"他自言自语的骂起来。

"骂谁?小瘪三!"那一个也不肯示弱。

于是就扭打起来了。本来两方是势均力敌的,但不知怎地,他的脑袋撞在墙壁上,见了红,那一个觉得已经闯祸,而且也许觉得已经胜利,便一溜烟逃走。只留下我们的主角,从此就成为这公共毛厕墙脚的占有人。

现在呢,他对于这公共毛厕的"知识",早已"毕业"了;他和那"管门"的老婆子也居然好像有点"交情"。现在,当这不冷不热又没太阳又不下雨刮风的好日子,他蹲在他的地盘上,打着瞌睡,似乎很满意。

这当儿,公共毛厕也不是"闹汛",那老婆子扭动着她的扁嘴,似乎在咀嚼什么东西。她忽然咀嚼出说话来了,是对墙脚地盘的"领主":

"喂,喂,大鼻子!你来代我管一管,我一会儿就回来的。"

什么？大鼻子！谁是大鼻子？打瞌睡的他抬起头来朝四面看一下,想不到是唤他自己,然而那老婆子又叫过来了:

"代我管一管罢,大鼻子;我一会儿就回来。谢谢你！"

他明白"大鼻子"就是他了,就老大不高兴。他的爸爸妈妈还在的时候,他有过一个极体面的名字,他自己也叫得出来;可是自从做了街头流浪儿以后,他就没有一定的名字。最初,他也曾把爸妈叫他的名字告诉了要好的伙伴,不料伙伴们都说"不顺口",还是瞎七瞎八乱叫一阵,后来他就连自己也忘记了他的本名。然而,伙伴们却从没叫过他"大鼻子"。他的鼻子也许比别人的大一些,可是并没大到惹人注意。他和他的伙伴对于名字是有一种"信条"的:凡是自己身体上的特点被人取作名字,他们便觉得是侮辱。例如他们中间有一个叫作小毛的癫痫孩子,他们有时和他过不去,便叫他"癫痫"。

因此,他忽然听得那老婆子叫他"大鼻子",他就老大不高兴,然而不高兴中间又有点高兴,因为从来没有谁把他当一个人托付他什么事情。

"代你管管么?好!可是你得赶快回来呢!我也还有事情。"

他一边说,一边就装出"忙人"的样子来,伸个懒腰站起了身子。

老太婆把一叠草纸交给他,就走了。但是走不了几步,又回头来叫道:

"二十五张草纸,二十五张,大鼻子!"

"嘿嘿,那我倒要数一数。"

他头也不抬地回答,一边当真就数那一叠草纸。

过不了十分钟,他就觉得厌倦了。往常他毫无目的毫不"负责"地站在一个街角或蹲在什么路旁,不但是十分钟就是半点钟他也不会厌倦,可是现在他却在心里想道:

"他妈的,老太婆害人!带住了我的脚了!走他妈的!"

他感到负责任的不自由,正想站起来走,忽然有人进来了,噗的一声,丢下一个铜子。

从手里递出一张草纸去的时候,"大鼻子"就感到一种新鲜的趣味。他居然"做买卖"了,而且颇像有点威权;没有他的一张草纸,谁也不能进去办他的"公"事。

他很正经地把那个铜子摆在那一叠草纸旁边,又很正经地将草纸弄整齐起来。

似乎公共毛厕也有一定的时间是"闹市",而现在呢,正是适当其时了。各色人等连串地进来,铜子噗噗地接连丢在那放草纸的纸匣里,顷刻之间就有五六枚之多。这位代理人倒有点手忙脚乱了。一则,"做买卖"他到底还是生手;二则,他从来不曾保有过那么多的铜子。

他乘空儿把铜子叠起来。叠到第四个时,他望了望已经叠好的三个,又将手里的一个掂掂分量,似乎很不忍和它分手。可是他到底叠在那第三个上面,接着又叠上第五第六个去。

还是有人接连着进来。终于铜子数目增加到十二。这是最高的纪录了。以后,这位代理人便又清闲了。

十二个铜子呢!寸把高的一个铜柱子。像捉得了老鼠的猫儿似的,不住手地搬弄这根铜柱子,他掐断了一半,托在手掌里轻轻掂了几下,又还过一个去,然后那手——自然连铜子!——便往他的破短衫的口袋边靠近起来了。然而,蓦地他又——像猫儿噙住了老鼠的半个身子却又吐了出来似的,把手里的铜子叠在纸匣里的铜子上面,依然成为寸把高的铜柱子。

第二次再把铜柱掐断,却不托在手掌里掂几掂了,只是简洁老练地移近他的破口袋去。手在口袋边,可又停住了,他的眼光却射住了纸匣里的几个铜子;如果不是那老太婆正在这当口回来,说不定他还要吐出来一次。

"啊,老太婆,回来了么?"

他稍稍带点意外的惊异说,同时他那捏着铜子的手便渐渐插进了衣袋里。

老太婆走得上气不接下气似的,只把扁嘴扭了几扭,她的眼光已经落在那一叠减少了的草纸以及压在草纸上面的铜子。

"你看!管得好不好?明天你总得谢谢我呢!"

他说着,映了一下眼睛,站起来就走。

走了几步,他又回头来看时,那老婆子数过了铜子,正在数草纸。于是他便想到赶快溜,却又觉得不必溜。他高声叫道:

"老太婆!风吹了几张草纸到尿坑里去了!你去拾了来晒干,还好用的!"

老婆子也终于核算出铜子数目和草纸减少的数目不对,她很费力地扭动着扁嘴说道:

"不老实,大鼻子!"

"怪得我?风吹了去的!"

他生气似的回答,转身便跑。然而跑得不多几步又转身擎起一个拳头来叫道:

"老太婆!猜一猜,什么东西?猜着了就是你的。哈哈哈!"

他一边笑,一边就飞快地跑过了一条马路。

四

我们这位主角终于由跑步变为慢步了,手在衣袋里数弄着那些铜子。

一共是五枚。同时手里有五个铜子,在他确是第一次。他觉得这是一笔不小的财产了,可以派许多正用。他走得更慢了,肚子里在盘算:"弄点什么来修修肚脏庙罢?"然而他又想买一颗糖来尝尝滋味。对于装饱肚子这一问题,他和他的伙伴们是另有一番见解的;大凡可以用讨乞或者比讨乞强硬的手段(例如在冷巷里拦住了一副吃过的饭担子)弄得到的东西,就不应该花钱去买;花钱去买的,就是傻子!

至于糖呢,可就不同了。向人家讨一粒糖,准得吃一记耳光,而且空饭担里也决不会有一粒糖的。现在我们的主角手里有了五个铜子,就转念到糖一类的东西上了。特别是因为一次吃过半粒糖,所以糖的引诱力非常大。

他终于站住了。在一个不大干净的弄堂口,有三四个小孩子

(其中也有比他高明不了多少的)围住一个摊子。这却不是卖糖,而是出租"小书"(连环图画故事)的"街头图书馆"。

对于这一类的"小书",我们的主角也早已有过非分之想的。他曾经躲在人家的背后偷偷地张过几眼,然而往往总是他正看得有点懂了,人家就嗤的一声翻了过去。这回他可要自己租几本来享受个满足了。

"一个铜子租二十本罢?当场看过还你。"

他装出极老练的样子来,对那摆摊子的人说。

那位"街头图书馆馆长"朝他睒了一眼,就轻声喝道:

"小瘪三!走你的!"

"什么!开口骂人!我有铜子,你看!"

他将手掌摊开来,果然有五个铜子,汗渍得亮晶晶。

书摊子的人伸手就想抓过那五个铜子去,一面说:

"一个铜子看五本,五个铜子,便宜些,看三十本。"

"不成不成!十五本!喂,十五本还不肯?"

他将铜子放回衣袋去,一面忙着偷看别人手里的"小书"。

成交的数目是十本。他只付了两个铜子,拣了二十本,都是道士放飞剑,有使刀的女人的。

他不认识"小书"上面的字,但是他会照了自己的意思去解释"小书"里的图画。那些图画本来是"连环故事",然而因为画手不大高明,他又不认识字,所以前后两幅画的故事他往往接不起笋来。

可是他还是耐心地看下去。

有一幅画是几个凶相的男子(中间也有道士)围住了一个女子和一个小孩子打架。半空中还有一把飞剑向那女的和那孩子刺去。飞剑之类,他本来佩服得很,然而这里的飞剑却使他起了恶感。

"妈的！打落水狗，不算好汉！"

他轻声骂着，就翻过一页。这新一页上仍旧是那女人和孩子，可是已经打败了，正要逃到一个树林里去，另外那几个凶相的男子和半空中那把飞剑在后追赶。他有点替那女人和孩子着急。赶快再看第二页。还好，那女人在树林边反身抵抗那些"追兵"了。然而此时图画里又加添出一个和尚，也拿着刀，正从远处跑来，似乎要加入"战团"。

"和尚来帮谁呢？"他心焦地想着，就再翻过一页。他觉得那和尚如果是好和尚一定要帮那女人和小孩子，他要是自己在场一定也帮女人和小孩子的。然而翻过来的一页虽然仍旧画着那一班人，却已经不打架了，他们站在那里像是说话，和尚也在内。

如果他识字，他一定可以知道那班人讲些什么，并且也可以知道那和尚到底帮谁，因为和尚的嘴里明明喷出两道线，而且线里写着一些字，——这是和尚在说话。

他闷闷地再看下面一幅画，可是仍旧看不出道理来。打架确是告一结束了，这回是轮到那女人嘴里喷出两道线，而且线里也有字。

再下一幅图仍有那女人和孩子，其余的一些人（凶相的男子们，道士，连和尚），都已经不见；并且也不是在树林边，而是在房子里了，女人手里也没有刀，她坐在床前，低着头，似乎很疲倦，又似乎在想心事；孩子站在她跟前，孩子的嘴里也喷出两道线，线里照例有一些可恨的方块字。

这可叫他摸不着头脑了。他不满意那画图的人："要紧关口，他就画不出来，只弄些字眼来搪塞。"他又觉得那女人和孩子未免不中用，怎么就躲到家里去了。然而他又庆幸那女人和孩子终于能够平安回到了家——他猜想他们本来就是要回家去。

总而言之,对于这"来历不明"的女人和孩子,他很关心,他断定他们一定是好人。他热心地要知道他们后来怎样,他单拣那些画着这女人和这孩子的画儿仔细看。有时他们又在和别人打架了,他就由着自己的意思解释起来,并且和前面的故事连串起来。不多一会儿,二十本"小书"已经翻完。

"喂,拿回去,二十本!还么,讲女人和孩子的?"

他朝那书摊子的人说,同时扪着自己的肚子;这肚子现在轻轻地在叫了。

书摊子的人一面招呼着另一个"小读者",一面随手取了一套封面上画着个女人的"小书"给了我们的主角。

然而这个"女人"不是先前那个"女人"了,从她的装束上就看得出来。她不拿刀,也不使枪,可是她在书里好像"势头"大得很,到处摆架子。

我们的主角匆匆翻了一遍,老大不高兴;蓦地他又想起这一套新的"小书"还没付租钱,便赶快叠齐了还给那书摊子的人,很大方地说一声"不好看",就打算走了。

"钱呢?"书摊子的人说,查点着那一套书的数目。"也算你两个铜子罢!"

"什么,看看货色对不对,也要钱么?"

"你没有先说是看样子,你没有罢?看样子,只好看一本,你刚才是看了一套呢!不要多赖,两个铜子!"

"谁赖你的!谁……"我们的主角有点窘了,却越想越舍不得两个铜子。"那么,挂在账上,明天——"

"知道你是哪里来的杂种;不挂账。"

"连我也不认识么?我是大鼻子。你去问那边管公坑的老太婆,她也晓得!"

一边说,一边就跑,我们的主角在这种事情上往往有他的特别方法的。

他保全了两个铜子,然而他也承认了自己是"大鼻子"了。他觉得就叫作"大鼻子"也不坏,因为在他和他的伙伴中间,"鼻子",也算身体上名贵的部分,他们要表示自己是一条"好汉"的时候总指自己的"鼻子",可不是?

五

我们的主角,——不,既然他自己也愿意,我们就称他为"大鼻子"罢,也还有些更出色的事业。

照例是无从查考出何年何月何日,总之是离开上面讲过的"奇遇"很久了,也许已经隔开一个年头,而且是一个忽而下雨忽而出太阳的闷热天。

是大家正要吃午饭的时候,马路上人很多。我们的"大鼻子"站在一个很妥当的地点,猫一样的窥伺着"幸福的"人们,想要趁便也沾点"幸福"。

他忽然轻轻一跳,就跟在一对漂亮的青年男女的背后,用了低弱的声音求告道:"好小姐,好少爷,给一个铜子。"凭经验,他知道只要有耐心跟得时候多了,往往可以有所得的。他又知道,在这种场合,如果那女的撅起嘴唇似嗔非嗔地说一句"讨厌,小瘪三",那男的就会摸出一个铜子或者竟是两个,来买得耳根的清静,——也就是买得那女人的高兴。

可是这一次跟走了好远一段路,却还不见效果。这一男一女手臂挽着手臂,一路走着,自顾咬耳朵说话。

他们又转弯了。那马路的转角上有一个巡捕。大鼻子只好站住了,让那一对儿去了一大段,他自己这才不慌不忙在巡捕面前踱过。

过了这一道关口,他赶快寻觅他的目的物,不幸得很,相离已经太远,他未必追得上。然而也还不至于失望,因为这一对儿远远站在那里不动了。

大鼻子立刻用了跑步。他也看清了另外有一个女人正在和那一对儿讲话。忽然两个女的争执起来,扭打起来了,那男的急得团团转,夹在中间,劝劝这个,又劝劝那个。大鼻子跑到了他们近旁时,已经有好几个闲人围住了他们乱出主意了。忽然有一个小小的纸袋(那是讲究的店铺子装着十来个铜子做找头的),落在地下了,只有大鼻子看到。他立刻"当仁不让"地拾了起来,很坚决地往口袋里一放,就从人层的大腿间钻出去,吹着口笛走到对面的马路上。

逢到这样的机会,大鼻子常常是勇敢的。他就差还没学会怎样到人家口袋里去挖。

逢到这样的机会,他又是十分坚决的,如果从前他"揩油"了管公共毛厕的那个老婆子的五个铜子,——这一项"奇遇"的当时,他颇显得优柔寡断,那亦不是因为那时还"幼稚",而是因为他不肯不顾信用:人家当他朋友似的托付他的,他倒不好意思全盘没收。

六

天气暖和时,大鼻子很可以到处为"家"。像他这样的人很有点古怪:白天,我们在马路上几乎时时会碰见他,但晚上他睡在什么地方,我们却难得看见。不过他到晚上一定还是在这"大上海"的地面,而不会飞上天去,那是可以断言的。

也许他会像老鼠一样有个"地下"的"家"罢?作者未曾调查过,相应作为悬案。

然而作者可以负责声明:大鼻子的许多无定的"家"之一,却是既不在天上又不在地下的。

想来读者也都知道,在"大上海"的北区,"华""洋""交界"之地带,曾经受过"一·二八"炮火之洗礼的一片瓦砾场,这几年来依然满眼杂草,不失纪念。这可敬的"大上海"的疤上,有几堵危墙依然高耸着,好像永远不会塌。墙近边有从前"繁华"时代的一口水泥垃圾箱,现在被断砖碎瓦和泥土遮盖了,远看去只像一个土堆。不知怎的,也不知是何年何月,我们的大鼻子发现了这奇特的"地室",而且立刻很中意,而且大概也颇费了点劳力罢,居然把它清理好,作为他的"冬宫"了。

这,大概不是无稽之谈,因为有人确实看见他从这不在天上也不在地下的"家"很大方地爬了出来。

这一天不是热天,照日历上算,恰是一年的第一个月将到尽头,然而这一天又不怎样冷。

这一天没有太阳。对了,没有太阳。老天从清晨起,就摆出一副哭丧脸。

这一天,在"大上海"的什么角落里,一定有些体面人温良地坐着,起立,"静默三分钟"。于是上衙门的上衙门,到"写字间"的到"写字间"……

然而这一天,在"大上海"纵贯南北的一条脉管(马路)上,却奔流着一股各色人等的怒潮,用震动大地的呐喊,回答四年前的炮声。

我们的大鼻子那时正从他的"家"出来往南走,打算找到一顿早饭。

他迎头赶上了这雄壮的人流,以为这是什么"大出丧"呢。"妈的!小五子不够朋友!有人家大出丧,也不来招呼我一声么!"大鼻子这样想着,觉得错过了一个得"外快"的机会。他站在路边,想看看那"不够朋友"的小五子是不是在内捐什么"挽联"或是花圈之类。

没有"开路神",也不见什么"顶马"。走在前头的,是长衫先生,洋装先生,旗袍大衣的小姐,旗袍不穿大衣的小姐,长衣的像学生,短衣的像工人,像学徒,——这样一群人,手里大都有小旗。

这样的队伍浩浩荡荡前来,看不见它的尾巴。不,它的尾巴在时时加长起来,它沿路吸收了无数人进去,长衣的和短衣的,男的和女的,老的和小的。

有些人(也有骑脚踏车的),在队伍旁边,手里拿着许多纸分给路边的看客,也和看客们说些话语。忽然,震天动地一声喊——

"中华民族解放万万岁!"

这是千万条喉咙里喊出来的!这是千万条喉咙合成一条大喉咙喊出来的!大鼻子不懂这喊的是一句什么话,但他却懂得这队伍确不是什么"大出丧"了。他感得有点失望,但也觉得有趣。这当儿,有个人把一张纸放在他手里,并且说:

"小朋友!一同去!加入爱国示威运动!"

大鼻子不懂得要他去干么,——这里没有"挽联"可捐,也没有"花圈"可背,然而大鼻子在人多热闹的场所总是很勇敢很坚决的,他就跟着走。

队伍仍在向前进。大鼻子的前面有三个青年,男的和女的;

他们一路说些大鼻子听不懂的话，中间似乎还有几个洋字。大鼻子向来讨厌说洋话的，因为全说洋话的高鼻子固然打过他，只夹着几个洋字的低鼻子也打过他，而且比高鼻子打得重些。这时有一片冷风像钻子一般刺来，大鼻子就觉得他那其实不怎么大的鼻子里酸酸的有些东西要出来了。他随手一把捞起，就偷偷地撩在一个说洋话的青年身上。谁也没有看见。大鼻子感到了胜利。

似乎鼻涕也有灵性的。它看见初出茅庐的老哥建了功，就争着要露脸了。大鼻子把手掌掩在鼻孔上，打算多储蓄一些，这当儿，队伍的头阵似乎碰着了阻碍，骚乱的声浪从前面传下来，人们都站住了，但并不安静，大鼻子的左右前后尽是愤怒的呼声。大鼻子什么都不理，只伸开了手掌又这么一撩，不歪不斜，许多鼻涕都爬在一个女郎的蓬松的头发上了，那女郎大概也觉得头上多一点儿东西，但只把头一缩，便又胀破了喉咙似的朝前面喊道：

"冲上去！打汉奸！打卖国贼！"

大鼻子知道这是要打架了，但是他睐着眼得意地望着那些鼻涕像冰丝似的从女郎的头发上挂下来，巍颤颤地发抖，他觉得很有趣。

队伍又在蠕动了。从前面传来的雄壮的喊声像晴天霹雳似的落到后面人们的头上——

"打倒一切汉奸！"

"一·二八精神万岁！"

"打倒×——"

断了！前面又发生了扰动。但是后面却拾起这断了的一句，加倍雄壮地喊道：

"打倒××帝国主义！"

大鼻子跟着学了一句。可是同时，他忽然发现他身边有一个学生,披一件大衣,没有扣好,大衣襟飘飘地,大衣袋口子露出一个钱袋的提手。根据新学会的本领,大鼻子认定这学生的手袋分明在向他招手。他嘴里哼着"打倒——他妈的!"身子便往那学生这边靠近去。

但是正当大鼻子认为时机已到的一刹那,几个凶神似的巡捕从旁边冲来,不问情由便夺队伍里人们的小旗,又喝道:

"不准喊口号!不准!"

大鼻子心虚,赶快从一个高个儿的腿缝间钻到前面去。可是也明明看见那个穿大衣的学生和那头发上顶着鼻涕的女郎同巡捕扭打起来了,——他们不肯放弃他们的旗子!

许多人帮着学生和那女子。骑脚踏车的人叮铃铃急驰向前面去。前面的人也回身来援救。这里立刻是一个争斗的旋涡。

喊"打"的声音从人圈中起来,大鼻子也跟着喊。对于眼前的事,大鼻子是懂得明明白白的。他脑筋里立刻排出一个公式来:"他自己常常被巡捕打,现在那学生和那女子也被打;他自己是好人,所以那两个也是好人;好人要帮好人!"

谁的一面旗子落在地下了,大鼻子立刻拾在手中,拼命舞动。

这时,纷乱也已过去,队伍仍向前进。那学生和那女郎到底放弃了一面旗子,他们和大鼻子又走在一起。大鼻子把自己的旗子送给那学生道:

"不怕!还有一面呢!算是你的!"

学生很和善地笑了。他朝旁边一个也是学生模样的人说了一句话,而是大鼻子听不懂的。大鼻子觉得不大高兴,可是他忽然想起了似的问道:

"你们到哪里去?"

"到庙行去!"

"去干么？这旗子可是干么的？"

"哦！小朋友！"那头发上有大鼻子的鼻涕的女郎接口说："你记得么，四年前，上海打仗，大炮，飞机，××飞机，炸弹，烧了许多许多房子。"

"我记得的！"大鼻子回答，一只眼偷偷地望着那女郎的头发上的鼻涕。

"记得就好了！要不要报仇？"

这是大鼻子懂得的。他做一个鬼脸表示他"要"，然而他的眼光又碰着了那女郎头发上的鼻涕，他觉得怪不好意思，赶快转过脸去。

"中华民族解放万万岁！"

这喊声又震天动地来了。大鼻子赶快不大正确地跟着学一句，又偷眼看一下那女郎头发上的鼻涕，心里盼望立刻有一阵大风把这一抹鼻涕吹得干干净净。

"打倒××帝国主义！"

"一·二八精神万岁！"

怒潮似的，从大鼻子前后左右掀起了这么两句。头上四个字是大鼻子有点懂的，他胀大了嗓子似的就喊这四个字。他身边那个穿大衣的学生一面喊一边舞动着两臂。那钱袋从衣袋里跳了出来。只有大鼻子是看见的。他敏捷地拾了起来，在手里掂了一掂，这时——

"打倒一切汉奸！"

"到庙行去！"

大鼻子的熟练的手指轻轻一转，将那钱袋送回了原处。他忽然觉得精神百倍，也舞动着臂膊喊道：

"打倒——他妈的！到庙行去！"

他并不知道庙行是什么地方，是什么东西，然而他相信那学生和那女郎不会骗他，而且他应该去！他恍惚认定到那边去一定有好处！

"中华民族解放万岁！"

这时队伍正走过了大鼻子那个"家"所在的瓦砾场了。队伍像通了电似的，像一个人似的，又一句：

"中华民族解放万万岁！"

一九三五年五月二十七日

水藻行

一

　　连刮了两天的西北风,这小小的农村里就连狗吠也不大听得见。天空,一望无际的铅色,只在极东的地平线上有晕黄的一片,无力然而执拗地,似乎想把那铅色的天盖慢慢地熔开。

　　散散落落七八座矮屋,伏在地下,甲虫似的。新稻草的垛儿像些枯萎的野菌;在他们近旁以及略远的河边,脱了叶的乌桕树伸高了新受折伤的桠枝,昂藏地在和西北风挣扎。乌桕树们是农民的慈母;平时,她们不用人们费心照料,待到冬季她们那些乌黑的桕子绽出了白头时,她们又牺牲了满身的细手指,忍受了千百的刀伤,用她那些富于油质的桕子弥补农民的生活。

　　河流弯弯地向西去,像一条黑蟒,爬过阡陌纵横的稻田和不规则形的桑园,愈西,河身愈宽,终于和地平线合一。在夏秋之交,这快乐而善良的小河到处点缀着铜钱似的浮萍和丝带样的水草,但此时都被西北风吹刷得精光了,赤膊的河身在寒威下皱起了鱼鳞般的碎波,颜色也愤怒似的转黑。

　　财喜,将近四十岁的高大汉子,从一间矮屋里走出来。他大步走到稻场的东头,仰脸朝天空四下里望了一圈,极东地平线上那一片黄晕,此时也被淹没,天是一只巨大的铅罩子了,没有一点儿罅隙。财喜看了一会儿,又用鼻子嗅,想试出空气中水分的浓淡来。

"妈的!天要下雪。"财喜喃喃地自语着,走回矮屋去。一阵西北风呼啸着从隔河的一片桑园里窜出来,揭起了财喜身上那件破棉袄的下襟。一条癞黄狗刚从屋子里出来,立刻将头一缩,拱起了背脊;那背脊上的乱毛似乎根根都竖了起来。

"嘿,你这畜生,也那么怕冷!"财喜说着,便伸手一把抓住了黄狗的颈皮,于是好像一身的精力要找个对象来发泄发泄,他提起这条黄狗,顺手往稻场上抛了去。

黄狗落到地上时就势打一个滚,也没吠一声,夹着尾巴又奔回矮屋来。哈哈哈!——财喜一边笑,一边就进去了。

"秀生!天要变啦。今天——打薀草去!"财喜的雄壮的声音使得屋里的空气登时活泼起来。

屋角有一个黑魆魆的东西正在蠕动,这就是秀生。他是这家的"户主",然而也是财喜的堂侄。比财富小了十岁光景,然而看相比财喜老得多了。这个种田人是从小就害了黄疸病的。此时他正在把五斗米分装在两口麻袋里,试着两边的轻重是不是平均。他伸了伸腰回答:

"今天打薀草去么?我要上城里去卖米呢。"

"城里好明天去的!要是落一场大雪看你怎么办?——可是前回卖了柏子的钱呢?又完了么?"

"老早就完了。都是你的主意,要赎冬衣。可是今天油也没有了,盐也用光了,昨天乡长又来催讨陈老爷家的利息,一块半;——前回卖了柏子我不是说先付还了陈老爷的利息么,冬衣慢点赎出来,可是你们——"

"哼！不过错过了今天,河里的蕰草没有我们的份了?"财喜暴躁地叫着就往屋后走。

秀生迟疑地望了望门外的天色。他也怕天会下雪,而且已经刮过两天的西北风,河身窄狭而又弯曲的去处,蕰草大概早已成了堆,迟一天去,即使天不下雪也会被人家赶先打了去;然而他又忘不了昨天乡长说的"明天没钱,好！拿米去作抵！"米一到乡长手里,三块多的,就只作一块半算。

"米也要卖,蕰草也要打。"秀生一边想一边拿扁担来试挑那两个麻袋。放下了扁担时,他就决定去问问邻舍,要是有人上城里去,就把米托带了去卖。

二

财喜到了屋后,探身进羊棚（这是他的卧室）,从铺板上抓了一条蓝布腰带,拦腰紧紧捆起来。他觉得暖和得多了。这里足有两年没养过羊,——秀生没有买小羊的余钱,然而羊的特有的骚气却还存在。财喜是爱干净的,不但他睡觉的上层的铺板时常拿出来晒,就是下面从前羊睡觉的泥地也给打扫得十分光洁。可是他这样做,并不为了那余留下的羊骚气——他倒是喜欢那淡薄的羊骚气的,而是为了那种阴湿泥地上常有的腐浊的霉气。

财喜想着趁天还没下雪,拿两束干的新稻草来加添在铺里。他就离了羊棚,往近处的草垛走。他听得有哼哼的声音正从草垛那边来。他看见一只满装了水的提桶在草垛相近的泥地上。接着他又嗅到一种似乎是淡薄的羊骚气那样的熟悉的气味。他立即明白那是谁了,三脚两步跑过去,果然看见是秀生的老婆哼哼唧唧地蹲在草垛边。

"怎么了?"财喜一把抓住了这年青壮健的女人,想拉她起来。但是看见女人双手捧住了那彭亨的大肚子,他就放了手,着急地问道:"是不是肚子痛?是不是要生下来了?"

女人点了点头;但又摇着头,挣扎着说:

"恐怕不是,——还早呢!光景是伤了胎气,刚才,打一桶水,提到这里,肚子——就痛得厉害。"

财喜没有了主意似的回头看看那桶水。

"昨夜里,他又寻我的气,"女人努力要撑起身来,一边在说,"骂了一会儿,小肚子旁边吃了他一踢。恐怕是伤了胎气了。那时痛一会儿也就好了,可是,刚才……"

女人吃力似的唉了一声,又靠着草垛蹲了下去。

财喜却怒叫道:"怎么?你不声张?让他打?他是哪一门的好汉,配打你?他骂了些什么?"

"他说,我肚子里的孩子不是他的,他不要!"

"哼!亏他有脸说出这句话!他一个男子汉,自己留个种也做不到呢!"

"他说,总有一天他白刀子进,红刀子出,——我怕他,会当真……"

财喜却笑了:"他不敢的,没有这胆量。"于是秀生那略带浮肿的失血的面孔,那干柴似的臂膊,在财喜眼前闪出来了;对照着面前这个充溢着青春的活力的女子,发着强烈的近乎羊骚臭的肉香女人,财喜确信他们这一对真不配;他确信这么一个壮健的,做起工来比差不多的小伙子还强些的女人,实在没有理由忍受那病鬼的丈夫的打骂。

然而财喜也明白这女人为什么忍受丈夫的凌辱；她承认自己有对他不起的地方，她用辛勤的操作和忍气的屈伏来赔偿他的损失。但这是好法子么？财喜可就困惑了。他觉得也只能这么混下去。究竟秀生的孱弱也不是他自己的过失。

财喜轻轻叹一气说：

"不过，我不能让他不分轻重乱打乱踢。打伤了胎，怎么办？孩子是他的也罢，是我的也罢，归根一句话，总是你的肚子里爬出来的，总是我们家的种呀！——咳，这会儿不痛了罢？"

女人点头，就想要站起来。然而像抱着一口大鼓似的，她那大肚子使她的动作不便利。财喜抓住她的臂膊拉她一下，而这时，女人身上的刺激性强烈的气味直钻进了财喜的鼻子，财喜忍不住把她紧紧抱住。

财喜提了那桶水先进屋里去。

三

蕰草打了来是准备到明春作为肥料用的。江南一带的水田，每年春季"插秧"时施一次肥，七八月稻高及人腰时又施一次肥。在秀生他们乡间，本来老法是注重那第二次的肥，得用豆饼。有一年，豆饼的出产地发生所谓"事变"，于是豆饼的价钱就一年贵一年，农民买不起，豆饼行也破产。

贫穷的农民于是只好单用一次肥，就是第一次的，名为"头壅"；而且这"头壅"的最好的材料，据说河里的水草，秀生他们乡间叫作"蕰草"。

打蕰草，必得在冬季刮了西北风以后；那时风把蕰草吹聚在一处,打捞容易。但是冬季野外的严寒可又不容易承受。

失却了豆饼的农民只好拼命和生活搏斗。

财喜和秀生驾着一条破烂的"赤膊船"向西去。根据经验,他们知道离村二十多里的一条汊港里,薀草最多;可是他们又知道在他们出发以前,同村里已经先开出了两条船去,因此他们必得以加倍的速度西行十多里再折南十多里,方能赶在人家的先头到了目的地。这都是财喜的主意。

西北风还是劲得很,他们两个逆风顺水,财喜撑篙,秀生摇橹。

西北风戏弄着财喜身上那蓝布腰带的散头,常常搅住了那支竹篙。财喜随手抓那腰带头,往脸上抹一把汗,又刷的一声,篙子打在河边的冻土上,船唇泼剌剌地激起了银白的浪花来。哦——呵!从财喜的厚实的胸膛来了一声雄壮的长啸,竹篙子飞速地伶俐地使转来,在船的另一边打入水里,财喜双手按住篙梢一送,这才又一拖,将水淋淋的丈二长的竹篙子从头顶上又使转来。

财喜像找着了泄怒的对象,舞着竹篙,越来越有精神,全身淌着胜利的热汗。

约莫行了十多里,河面宽阔起来。广漠无边的新收割后的稻田,展开在眼前。发亮的带子似的港汊在棋盘似的千顷平畴中穿绕着。水车用的茅篷像一些泡头钉,这里那里钉在那些"带子"的近边。疏疏落落灰簇簇一堆的,是小小的村庄,隐隐浮起了白烟。

而在这朴素的田野间,远远近近傲然站着的青森森的一团一团,却是富人家的坟园。

有些水鸟扑索索地从枯苇堆里飞将起来,忽然分散了,像许多小黑点子,落到远远的去处,不见了。

财喜横着竹篙站在船头上,忽然觉得眼前这一切景物,虽则熟习,然而又新鲜。大自然似乎用了无声的语言对他诉说了一些什么。他感到自己胸里也有些什么要出来。

"哦——呵!"他对那郁沉的田野,发了一声长啸。

西北风把这啸声带走消散。财喜慢慢地放下了竹篙。岸旁的枯苇苏苏地呻吟。从船后来的橹声很清脆,但缓慢而无力。

财喜走到船艄,就帮同秀生摇起橹来。水像败北了似的嘶叫着。

不久,他们就到了目的地。

"赶快打罢!回头他们也到了,大家抢就伤了和气。"

财喜对秀生说,就拿起了一付最大最重的打蕰草的夹子来。他们都站在船头上了,一边一个,都张开夹子,向厚实实的蕰草堆里刺下去,然后闭了夹子,用力绞着,一拖,举将起来,连河泥带蕰草,都扔到船肚里去。

汊港里泥草像一片生成似的,抵抗着人力的撕扯。河泥与碎冰屑,又增加了重量。财喜是发狠地搅着绞着,他的突出的下巴用力扭着;每一次举起来,他发出胜利的一声叫,那蕰草夹子的粗毛竹弯得弓一般,吱吱地响。

"用劲呀,秀生,赶快打!"财喜吐一口唾沫在手掌里,两手搓了一下,又精神百倍地举起了蕰草夹。

秀生那张略带浮肿的脸上也钻出汗汁来了。然而他的动作只有财喜的一半快,他每一夹子打得的蕰草,也只有财喜一半多。然而他觉得臂膀发酸了,心在胸腔里发慌似的跳,他时时轻声地哼着。

带河泥兼冰屑的蕰草渐渐在船肚里高起来了,船的吃水也渐渐深了;财喜每次举起满满一夹子时,脚下一用力,那船便往外侧,冰冷的河水便漫上了船头,浸了他的草鞋脚。他已经把破棉袄脱去,只穿件单衣,可是那蓝布腰带依然紧紧地捆着;从头部到腰,他像一只蒸笼,热气腾腾地冒着。

四

欸乃的橹声和话语声从风里渐来渐近了。前面不远的枯苇墩中,闪过了个毡帽头。接着是一条小船困难地钻了出来,接着又是一条。

"啊哈,你们也来了么?"财喜快活地叫着,用力一顿,把满满一夹的薀草扔在船肚里了;于是,狡猾地微笑着,举起竹夹子对准了早就看定的薀草厚处刺下去,把竹夹尽量地张开,尽量地搅。

"嘿,怪了!你们从哪里来的?怎么路上没有碰到?"

新来的船上人也高声叫着。船也插进薀草阵里来了。

"我们么?我们是……"秀生歇下了薀草夹,气喘喘地说。然而财喜的元气旺盛的声音立刻打断了秀生的话:

"我们是从天上飞来的呢!哈哈!"

一边说,第二第三夹子又对准薀草厚处下去了。

"不要吹!谁不知道你们是钻烂泥的惯家!"新来船上的人笑着说,也就杂乱地抽动了粗毛竹的薀草夹。

财喜不回答,赶快向拣准的薀草多处再打了一夹子,然后横着夹子看了看自己的船肚,再看看这像是铺满了乱布的汉港。他的有经验的眼睛知道这里剩下的只是表面一浮层,而且大半是些萍片和细小的苔草。

他放下了竹夹子,捞起腰带头来抹满脸的汗,敏捷地走到了船梢上。

洒滴在船梢板上的泥浆似乎已经冻结了,财喜那件破棉袄也胶住在船板上;财喜扯了它起来,就披在背上,蹲了下去,说:"不打了。这满港的,都让给了你们罢。"

"哼! 拔了鲜儿去,还说好看话!"新来船上的人们一面动手工作起来,一面回答。

这冷静的港汊里登时热闹起来了。

秀生揭开船板,拿出那预先带来的粗粉团子。这也冻得和石头一般硬。秀生奋勇地啃着。财喜也吃着粉团子,然而仰面看着天空,在寻思;他在估量着近处的港汊里还有没有薀草多的去处。

天空彤云密布,西北风却小些了。远远送来了呜呜的汽笛叫,那是载客的班轮在外港经过。

"哦,怎么就到了中午了呀? 那不是轮船叫么!"

打薀草的人们嘈杂地说,仰脸望着天空。

"秀生! 我们该回去了。"财喜站起来说,把住了橹。

这回是秀生使篙了。船出了那汊港,财喜狂笑着说:"往北,往北去罢! 那边的断头浜里一定有。"

"再到断头浜?"秀生吃惊地说,"那我们只好在船上过夜了。"

"还用说么! 你不见天要变么,今天打满一船,就不怕了!"财喜坚决地回答,用力地推了几橹,早把船驶进一条横港去了。

秀生默默地走到船梢,也帮着摇橹。可是他实在已经用完了他的体力了,与其说他是在摇橹,还不如说橹在财喜手里变成一条活龙,在摇他。

水声泼鲁鲁泼鲁鲁地响着,一些不知名的水鸟时时从枯白的芦苇中惊飞起来,啼哭似的叫着。

财喜的两条铁臂像杠杆一般有规律的运动着;脸上是油汗,眼光里是愉快。他唱起他们村里人常唱的一支歌来了:

姐儿年纪十八九:

大奶奶,抖又抖,

大屁股,扭又扭;

早晨挑菜城里去,

亲丈夫,挂在扁担头。

五十里路打转回。

煞忙里,碰见野老公,——

羊棚口:

一把抱住摔筋斗。①

秀生却觉得这歌句句是针对了自己的。他那略带浮肿的面孔更见得苍白,腿也有点颤抖。忽然他腰部一软,手就和那活龙般的橹脱离了关系,身子往后一挫,就蹲坐在船板上了。

"怎么?秀生!"财喜收住了歌声,吃惊地问着,手的动作并没停止。

秀生垂头不回答。

"没用的小伙子,"财喜怜悯地说,"你就歇一歇罢。"于是,财喜好像想起了什么,纵目看着水天远处;过一会儿,歌声又从他喉间滚出来了。

"财——喜!"忽然秀生站了起来,"不唱不成么!——我,是没有用的人,病块,做不动,可是,还有一口气,情愿饿死,不情愿做开眼乌龟!"

这样正面的谈判和坚决的表示,是从来不曾有过的。财喜一时间没有了主意。他望着秀生那张气苦得发青的脸孔,心里就涌起了疚悔;可不是,那一支歌虽则是流传已久,可实在太像了他们

---

① 这是讽刺富农们的不合理的童养媳制度的。富农们通常为自己的儿子接了年龄大得多的童养媳,利用她的劳动力,但青春期的童养媳就往往偷汉子。

三人间的特别关系,怨不得秀生听了刺耳。财喜觉得自己不应该在秀生面前唱得这样高兴,好像特意嘲笑他,特意向他示威。然而秀生不又说"情愿饿死"么?事实上,财喜寄住在秀生家不知出了多少力,但现在秀生这句话仿佛是拿出"家主"身份来,要他走。转想到这里,财喜也生了气。

"好,好,我走就走!"财喜冷冷地说,摇橹的动作不由得慢了一些。

秀生似乎不料有这样的反响,倒无从回答,颓丧地又蹲了下去。

"可是,"财喜又冷冷地然而严肃地说,"你不准再打你的老婆!这样一个女人,你还不称意?她肚子里有孩子,这是我们家的根呢……"

"不用你管!"秀生发疯了似的跳了起来,声音尖到变哑,"是我的老婆,打死了有我抵命!"

"你敢?你敢!"财喜也陡然转过身来,握紧了拳头,眼光逼住了秀生的面孔。

秀生似乎全身都在打颤了:"我敢就敢,我活厌了。一年到头,催粮的,收捐的,讨债的,逼得我苦!吃了今天的,没有明天,当了夏衣,赎不出冬衣,自己又是一身病,……我活厌了!活着是受罪!"

财喜的头也慢慢低下去了,拳头也放松了,心里是又酸又辣,又像火烧。船因为没有人把橹,自己横过来了,财喜下意识地把住了橹,推了一把,眼睛却没有离开他那可怜的侄儿。

"唉,秀生!光是怨命,也不中用。再说,那些苦处也不是你老婆害你的;她什么苦都吃,帮你对付。你骂她,她从不回嘴,你打她,她从不回手。今年夏天你生病,她服侍你,几夜没有睡呢。"

秀生悯然听着,眼睛里渐渐充满了泪水,他像熔化似的软瘫了蹲在船板上,垂着头;过一会儿,他悲切地自语道:

"死了干净,反正我没有一个亲人!我死了,让你们都高兴。"

"秀生!你说这个话,不怕罪过么?不要多心,没有人巴望你死。要活,大家活,要死,大家死!"

"哼!没有人巴望我死么?嘴里不说,心里是那样想。"

"你是说谁?"财喜回过脸来,摇橹的手也停止了。

"要不是在眼前,就在家里。"

"啊哟!你不要冤枉好人!她待你真是一片良心。"

"良心?女的拿绿头巾给丈夫戴,也是良心!"秀生的声音又提高了,但不愤怒,而是从悲痛,无自信力,转成的冷酷。

"哎!"财喜只出了这么一声,便不响了。他对于自己和秀生老婆的关系,有时也极为后悔,然而他很不赞成秀生那样的见解。在他看来,一个等于病废的男人的老婆有了外遇,和这女人的有没有良心,完全是两件事。可不是,秀生老婆除了多和一个男人睡过觉,什么也没有变,依然是秀生的老婆,凡是她本分内的事,她都尽力做而且做得很好。

然而财喜虽有这么个意思,却没有能力用言语来表达;而看着秀生那样地苦闷,那样地误解了那个"好女人",财喜又以为说说明白实属必要。

在这样的夹攻之下,财喜暴躁起来了,他泄怒似的用劲摇着橹,——一味地发狠摇着,连方向都忘了。

"啊哟!他妈的,下雪了!"财喜仰起了他那为困恼所灼热的面孔,本能地这样喊着。

"呵!"秀生也反应似的抬起头来。

这时风也大起来了,远远近近是风卷着雪花,旋得人的眼睛都发昏了。在这港湾交错的千顷平畴中视为方向指标的小庙,凉亭,坟园,石桥,乃至年代久远的大树,都被满天的雪花搅旋得看不清了。

"秀生！赶快回去！"财喜一边叫着，一边就跳到船头上，抢起一根竹篙来，左点右刺，立刻将船驶进了一条小小的横港。再一个弯，就是较阔的河道。财喜看见前面雪影里仿佛有两条船，那一定就是同村的打薀草的船了。

财喜再跳到了船梢，那时秀生早已青着脸咬着牙在独力扳摇那支大橹。财喜抢上去，就叫秀生"拉绷"①。

"哦——呵！"财喜提足了胸中的元气发一声长啸，橹在他手里像一条怒蛟，豁嚓嚓地船头上跳跃着浪花。

然而即使是"拉绷"，秀生也支撑不下去了。

"你去歇歇，我一个人就够了！"财喜说。

像一匹骏马的快而匀整的走步，财喜的两条铁臂膊有力而匀整地扳摇那支橹。风是小些了，但雪花的朵儿却变大。

财喜一手把橹，一手倒脱下身上那件破棉袄，回头一看，缩作一堆蹲在那里的秀生已经是满身的雪，就将那破棉袄盖在秀生身上。

"真可怜呵，病，穷，心里又懊恼！"财喜这样想。他觉得自己十二分对不起这堂侄儿。虽则他一年前来秀生家寄住，也死力帮助工作，完全是出于一片好意，然而鬼使神差他竟和秀生的老婆有了那么一回事，这可就像他的出死力全是别有用心了。而且秀生的懊恼，秀生老婆的挨骂挨打，也全是为了这呵。

财喜想到这里，便像有一道冰水从他背脊上流过。

"我还是走开吧？"他在心里自问。但是一转念，就自己回答：不！他一走，田里地里那些工作，秀生一个人干得了么？秀生老婆虽然强，到底也支不住呵！而况她又有了孩子。

"孩子是一朵花！秀生，秀生大娘，也应该好好活着！我走他

---

① "拉绷"，是推拉那根吊住橹的粗绳，在摇船上，是比较不费力的工作。

妈的干么?"财喜在心里叫了,他的突出的下巴努力扭着,他的眼里放光。

像有一团火在他心里烧,他发狠地摇着橹;一会儿追上了前面的两条船,又一会儿便将它们远远撇落在后面了。

五

那一天的雪,到黄昏时候就停止了。这小小的村庄,却已变成了一个白银世界。雪覆盖在矮屋的瓦上,修葺得不好的地方,就挂下手指样的冰箸,人们瑟缩在这样的屋顶下,宛如冻藏在冰箱。人们在半夜里冻醒来,听得老北风在头顶上虎虎地叫。

翌日清早,太阳的黄金光芒惠临这苦寒的小村子。稻场上有一两条狗在打滚。河边有一两个女人敲开了冰在汲水;三条载蕰草的小船挤得紧紧的,好像是冻结成一块了。也有人打算和严寒宣战,把小船里的蕰草搬运到预先开在田里的方塘,然而带泥带水的蕰草冻得比铁还硬,人们用钉耙筑了几下,就搓搓手说:

"妈的,手倒震麻了。除了财喜,谁也弄不动它罢?"

然而财喜的雄伟的身形并没出现在稻场上。

太阳有一竹竿高的时候,财喜从城里回来了。他是去赎药的。城里有些能给穷人设法的小小的中药铺子,你把病人的情形告诉了药铺里唯一的伙计,他就会卖给你二三百文钱的不去病也不致命的草药。财喜说秀生的病是发热,药铺的伙计就给了退热的药,其中有石膏。

这时村里的人们正被一件事烦恼着。

财喜远远看见有三五个同村人在秀生家门口探头探脑,他就吃了一惊:"难道是秀生的病变了么?"——他这样想着就三步并作两步的奔过去。

听得秀生老婆喊"救命",财喜心跳了。因为骤然从阳光辉煌的地方跑进屋里去,财喜的眼睛失了作用,只靠着耳朵的本能,觉出屋角里——而且是秀生他们卧床的所在,有人在揪扑挣扎。

秀生坐起在床上,而秀生老婆则半跪半伏地死按住了秀生的两手和下半身。

财喜看明白了,心头一松,然而也糊涂起来了。

"什么事?你又打她么?"财喜抑住了怒气说。

秀生老婆松了手,站起来摸着揪乱的头发,慌张地杂乱地回答道:

"他一定要去筑路!他说,活厌了,钱没有,拿性命去拼!你想,昨天回来就发烧,哼了一夜,怎么能去筑什么路?我劝他等你回来再商量,乡长不依,他也不肯。我不让他起来,他像发了疯,说大家死了干净,叉住了我的喉咙,没头没脸打起来了。"

这时财喜方始看见屋里还有一个人,却正是秀生老婆说的乡长。这位"大人物"的光降,便是人们烦恼的原因。事情是征工筑路,三天,谁也不准躲卸。

门外看的人们有一二个进来了,围住了财喜七嘴八舌讲。财喜一手将秀生按下到被窝里去,嘴里说:

"又动这大的肝火干么?你大娘劝你是好心呵!"

"我不要活了。钱,没有;命,——有一条!"

秀生还是倔强,但说话的声音没有力量。

财喜转身对乡长说:

"秀生真有病。一清早我就去打药(拿手里的药包在乡长脸前一晃),派工么也不能派到病人身上。"

"不行!"乡长的脸板得铁青,"有病得找替工,出钱。没有替工,一块钱一天。大家都推诿有病,公事就不用办了!"

"上回劳动服务,怎么陈甲长的儿子人也没去,钱也没花?那小子连病也没告。这不是你手里的事么?"

"少说废话!赶快回答:写上了名字呢,还是出钱,——三天是三块!"

"财喜,"那边的秀生又厉声叫了起来了,"我去!钱,没有;命,有一条!死在路上,总得给口棺材我睡!"

像一头受伤的野兽似的,秀生掀掉盖被,颤巍巍地跳起来了。

"一个铜子也没有!"财喜丢了药包,两只臂膊像一对钢钳,叉住了那乡长的胸脯,"你这狗,给我滚出去!"

秀生老婆和两位邻人也已经把秀生拉住。乡长在门外破口大骂,恫吓着说要报"局"去。财喜走到秀生面前,抱一个小孩子似的将秀生放在床上。

"唉,财喜,报了局,来抓你,可怎么办呢?"

秀生气喘喘地说,脸上烫得跟火烧似的。

"随它去。天塌下来,有我财喜!"

是镇定的坚决的回答。

秀生老婆将药包解开,把四五味的草药抖到瓦罐里去。末了,她拿起那包石膏,用手指捻了一下,似乎决不定该怎么办,但终于也放进了瓦罐去。

六

太阳的光线成了垂直,把温暖给予这小小的村子。

稻场上还有些残雪,斑斑的像一块大网油。人们正在搬运小船上的蕰草。

人们中之一,是财喜。他只穿一身单衣,蓝布腰带依然紧紧地捆在腰际,袖管卷得高高的,他使一把大钉耙,"五丁开山"似的筑松了半冻的蕰草和泥浆,装到木桶里。田里有预先开好的方塘,蕰草和泥浆倒在这塘里,再加上早就收集得来的"垃圾"①,层层相间。

"他妈的,连钉耙都被咬住了么?——喂,财喜!"

邻人的船上有人这样叫着。另外一条船上又有人说:

"啊,财喜!我们这一担你给带了去罢?反正你是顺路呢。"

财喜满脸油汗地跳过来了,贡献了他的援手。

太阳蒸发着泥土气,也蒸发着人们身上的汗气。乌桕树上有些麻雀在啾啾唧唧啼。

人们加紧他们的工作,盼望在太阳落山以前把蕰草都安置好,并且盼望明天仍是个好晴天,以便驾了船到更远的有蕰草的去处。

他们笑着,嚷着,工作着,他们也唱着没有意义的随口编成的歌句,而在这一切音声中,财喜的长啸时时破空而起,悲壮而雄健,像是申诉,也像是示威。

一九三六年二月二十六日作

---

① 垃圾——稻草灰和残余腐烂食物的混合品。这是农民到市镇上去收集得来的。

春蚕

一

老通宝坐在"塘路"边的一块石头上,长旱烟管斜摆在他身边。"清明"节后的太阳已经很有力量,老通宝背脊上热烘烘的,像背着一盆火。"塘路"上拉纤的快班船上的绍兴人只穿了一件蓝布单衫,敞开了大襟,弯着身子拉,额角上黄豆大的汗粒落到地下。

看着人家那样辛苦的劳动,老通宝觉得身上更加热了,热得有点儿发痒。他还穿着那件过冬的破棉袄,他的夹袄还在当铺里,却不防才得"清明"边,天就那么热。

"真是天也变了!"

老通宝心里说,就吐一口浓厚的唾沫。在他面前那条"官河"内,水是绿油油的,来往的船也不多,镜子一样的水面这里那里起了几道皱纹或是小小的涡旋,那时候,倒映在水里的泥岸和岸边成排的桑树,都晃乱成灰暗的一片。可是不会很长久的。渐渐儿那些树影又在水面上显现,一弯一曲地蠕动,像是醉汉,再过一会儿,终于站定了,依然是很清晰的倒影。那拳头模样的桠枝顶都已经簇生着小手指儿那么大的嫩绿叶。这密密层层的桑树,沿着那"官河"一直望去,好像没有尽头。田里现在还只有干裂的泥块,这一带,现在是桑树的势力!在老通宝背后,也是大片的桑林,矮矮的,静穆的,在热烘烘的太阳光下,似乎那"桑拳"上的嫩绿叶过一秒钟就会大一些。

离老通宝坐处不远,一所灰白色的楼房蹲在"塘路"边,那是茧厂。十多天前驻扎过军队,现在那边田里留着几条短短的战壕。那时都说东洋兵要打进来,镇上有钱人都逃走了;现在兵队又开走了,那座茧厂依旧空关在那里,等候春茧上市的时候再热闹一番。老通宝也听得镇上小陈老爷的儿子——陈大少爷说过,今年上海不太平,丝厂都关门,恐怕这里的茧厂也不能开;但老通宝是不肯相信的。他活了六十岁,反乱年头也经过好几个,从没见过绿油油的桑叶白养在树上等到成了"枯叶"去喂羊吃;除非是"蚕花"不熟,但那是老天爷的"权柄",谁又能够未卜先知?

"才得清明边,天就那么热!"

老通宝看着那些桑拳上怒茁的小绿叶儿,心里又这么想,同时有几分惊异,有几分快活。他记得自己还是二十多岁少壮的时候,有一年也是"清明"边就得穿夹,后来就是"蚕花二十四分",自己也就在这一年成了家。那时,他家正在"发";他的父亲像一头老牛似的,什么都懂得,什么都做得;便是他那创家立业的祖父,虽说在长毛窝里吃过苦头,却也愈老愈硬朗。那时候,老陈老爷去世不久,小陈老爷还没抽上鸦片烟,"陈老爷家"也不是现在那么不像样。老通宝相信自己一家和"陈老爷家"虽则一边是高门大户,而一边不过是种田人,然而两家的命运好像是一条线儿牵着。不但"长毛造反"那时候,老通宝的祖父和陈老爷同被长毛掳去,同在长毛窝里混上了六七年,不但他们俩同时从长毛营盘里逃了出来,而且偷得了长毛的许多金元宝——人家到现在还是这么说;并且老陈老爷做丝生意"发"起来的时候,老通宝家养蚕也是年年都好,十年中间挣得了二十亩的稻田和十多亩的桑地,还有三开间两进的一座平屋。这时候,老通宝家在东村庄上被人人所妒羡,也正像"陈老爷家"在镇上是数一数二的大户人家。可是以后,两家都不行了;老通宝现在已经没有自己的田地,反欠出三百多块钱的债,"陈老爷家"也早已完结。人家都说"长毛鬼"在阴间告了一状,阎罗王追还"陈老爷家"的金元宝横财,所以败得这么快。这个,老通宝也有几分相信:不是鬼使神差,好端端的小陈老爷怎么会抽上了鸦片烟?

可是老通宝死也想不明白为什么"陈老爷家"的"败"会牵动到他家。他确实知道自己家并没得过长毛的横财。虽则听死了的老头子说,好像那老祖父逃出长毛营盘的时候,不巧撞着了一个巡路的小长毛,当时没法,只好杀了他,——这是一个"结"!然而从老通宝懂事以来,他们家替这小长毛鬼拜忏念佛烧纸锭,记不清有多少次了。这个小冤魂,理应早投凡胎。老通宝虽然不很记得祖父是怎样"做人",但父亲的勤俭忠厚,他是亲眼看见的;他自己也是规矩人,他的儿子阿四,儿媳四大娘,都是勤俭的。就是小儿子阿多年纪轻,有几分"不知苦辣",可是毛头小伙子,大都这么着,算不得"败家相"!

老通宝抬起他那焦黄的皱脸,苦恼地望着他面前的那条河,河里的船,以及两岸的桑地。一切都和他二十多岁时差不了多少,然而"世界"到底变了。他自己家也要常常把杂粮当饭吃一天,而且又欠出了三百多块钱的债。

呜!呜,呜,呜,——

汽笛叫声突然从那边远远的河身的弯曲地方传了来。就在那边,蹲着又一个茧厂,远望去隐约可见那整齐的石"帮岸"。一条柴油引擎的小轮船很威严地从那茧厂后驶出来,拖着三条大船,迎面向老通宝来了。满河平静的水立刻激起泼剌剌的波浪,一齐向两旁的泥岸卷过来。一条乡下"赤膊船"赶快拢岸,船上人揪住了泥岸的树根,船和人都好像在那里打秋千。轧轧轧的轮机声和洋油臭,飞散在这和平的绿的田野。老通宝满脸恨意,看着这小轮船来,看着它过去,直到又转一个弯,呜呜呜地又叫了几声,就看不见。老通宝向来仇恨小轮船这一类洋鬼子的东西!他从没见过洋鬼子,可是他从他的父亲嘴里知道老陈老爷见过洋鬼子:红眉毛,绿眼睛,走路时两条腿是直的。并且老陈老爷也是很恨洋鬼子,常常说"铜钿都被洋鬼子骗去了"。老通宝看见老陈老爷的时候,不过八九岁,——现在他所记得的关于老陈老爷的一切都是听来的,可是他想起了"铜钿都被洋鬼子骗去了"这句话,就仿佛看见了老陈老爷捋着胡子摇头的神气。

　　洋鬼子怎样就骗了钱去,老通宝不很明白。但他很相信老陈老爷的话一定不错。并且他自己也明明看到自从镇上有了洋纱,洋布,洋油,——这一类洋货,而且河里更有了小火轮船以后,他自己田里生出来的东西就一天一天不值钱,而镇上的东西却一天一天贵起来。他父亲留下来的一份家产就这么变小,变作没有,而且现在负了债。老通宝恨洋鬼子不是没有理由的!他这坚定的主张,在村坊上很有名。五年前,有人告诉他:朝代又改了,新朝代是要"打倒"洋鬼子的。老通宝不相信。为的他上镇去看见那新到的喊着"打倒洋鬼子"的年青人们都穿了洋鬼子衣服。他想来这伙年青人一定私通洋鬼子,却故意来骗乡下人。后来果然就不喊"打倒洋鬼子"了,而且镇上的东西更加一天一天贵起来,派到乡下人身上的捐税也更加多起来。老通宝深信这都是串通了洋鬼子干的。

然而更使老通宝去年几乎气成病的。是茧子也是洋种的卖得好价钱;洋种的茧子,一担要贵上十多块钱。素来和儿媳总还和睦的老通宝,在这件事上可就吵了架。儿媳四大娘去年就要养洋种的蚕。小儿子跟他嫂嫂是一路,那阿四虽然嘴里不多说,心里也是要洋种的。老通宝拗不过他们,末了只好让步。现在他家里有的五张蚕种,就是土种四张,洋种一张。

"世界真是越变越坏!过几年他们连桑叶都要洋种了!我活得厌了!"

老通宝看着那些桑树,心里说,拿起身边的长旱烟管恨恨地敲着脚边的泥块。太阳现在正当他头顶,他的影子落在泥地上,短短的像一段乌焦木头,还穿着破棉袄的他,觉得浑身躁热起来了。他解开了大襟上的纽扣,又抓着衣角搧了几下,站起来回家去。

那一片桑树背后就是稻田。现在大部分是匀整的半翻着的燥裂的泥块。偶尔也有种了杂粮的,那黄金一般的菜花散出强烈的香味。那边远远地一簇房屋,就是老通宝他们住了三代的村坊,现在那些屋上都袅起了白的炊烟。

老通宝从桑林里走出来,到田塍上,转身又望那一片爆着嫩绿的桑树。忽然那边田里跳跃着来了一个十来岁的男孩子,远远地就喊道:"阿爹!妈等你吃中饭呢!"

"哦——"

老通宝知道是孙子小宝,随口应着,还是望着那一片桑林。才只得"清明"边,桑叶尖儿就抽得那么小指头儿似的,他一生就只见过两次。今年的蚕花,光景是好年成。三张蚕种,该可以采多少茧子呢?只要不像去年,他家的债也许可以拔还一些罢。

小宝已经跑到他阿爹的身边了,也仰着脸看那绿绒似的桑拳

头;忽然他跳起来拍着手唱道:

"清明削口,看蚕娘娘拍手!"

老通宝的皱脸上露出笑容来了。他觉得这是一个好兆头。他把手放在小宝的"和尚头"上摩着,他的被穷苦弄麻木了的老心里勃然又生出新的希望来了。

二

天气继续暖和,太阳光催开了那些桑拳头上的小手指儿模样的嫩叶,现在都有小小的手掌那么大了。老通宝他们那村庄四周围的桑林似乎发长得更好,远望去像一片绿锦平铺在密密层层灰白色矮矮的篱笆上。"希望"在老通宝和一般农民们的心里一点一点一天一天强大。蚕事的动员令也在各方面发动了。藏在柴房里一年之久的养蚕用具都拿出来洗刷修补。那条穿村而过的小溪旁边,蠕动着村里的女人和孩子,工作着,嚷着,笑着。

这些女人和孩子们都不是十分健康的脸色,——从今年开春起,他们都只吃个半饱;他们身上穿的,也只是些破旧的衣服。实在他们的情形比叫花子好不了多少。然而他们的精神都很不差。他们有很大的忍耐力,又有很大的幻想。虽然他们都负了天天在增大的债,可是他们那简单的头脑老是这么想:只要蚕花熟,就好了! 他们想象到一个月以后那些绿油油的桑叶就会变成雪白的茧子,于是又变成叮叮当当响的洋钱,他们虽然肚子里饿得咕咕地叫,却也忍不住要笑。

这些女人中间也就有老通宝的媳妇四大娘和那个十二岁的小宝。这娘儿两个已经洗好了那些"团扁"和"蚕箪",坐在小溪边的石头上撩起布衫角揩脸上的汗水。

"四阿嫂！你们今年也看（养）洋种么？"

小溪对岸的一群女人中间有一个二十岁左右的姑娘隔溪喊过来了。四大娘认得是隔溪的对门邻舍陆福庆的妹子六宝。四大娘立刻把她的浓眉毛一挺，好像正想找人吵架似的嚷了起来：

"不要来问我！阿爹做主呢！——小宝的阿爹死不肯，只看了一张洋种！老糊涂的听得带一个洋字就好像见了七世冤家！洋钱，也是洋，他倒又要了！"

小溪旁那些女人们听得笑起来了。这时候有一个壮健的小伙子正从对岸的陆家稻场上走过，跑到溪边，跨上了那横在溪面用四根木头并排做成的雏形的"桥"。四大娘一眼看见，就丢开了"洋种"问题，高声喊道：

"多多弟！来帮我搬东西罢！这些扁，浸湿了，就像死狗一样重！"

小伙子阿多也不开口，走过来拿起五六只"团扁"，湿漉漉地顶在头上，却空着一双手，划桨似的荡着，就走了。这个阿多高兴起来时，什么事都肯做，碰到同村的女人们叫他帮忙拿什么重家伙，或是下溪去捞什么，他都肯；可是今天他大概有点不高兴，所以只顶了五六只"团扁"去，却空着一双手。那些女人们看着他戴了那特别大箬帽似的一叠"扁"，袅着腰，学镇上女人的样子走着，又都笑起来了，老通宝家紧邻的李根生的老婆荷花一边笑，一边叫道：

"喂，多多头！回来！也替我带一点儿去！"

"叫我一声好听的，我就给你拿。"

阿多也笑着回答，仍然走。转眼间就到了他家的廊下，就把头上的"团扁"放在廊檐口。

"那么，叫你一声干儿子！"

荷花说着就大声地笑起来,她那出众的白净然而扁得作怪的脸上看去就好像只有一张大嘴和眯紧了好像两条线一般的细眼睛。她原是镇上人家的婢女,嫁给那不声不响整天苦着脸的半老头子李根生还不满半年,可是她的爱和男子们胡调已经在村中很有名。

"不要脸的!"

忽然对岸那群女人中间有人轻声骂了一句。荷花的那对细眼睛立刻睁大了,怒声嚷道:

"骂哪一个?有本事,当面骂,不要躲!"

"你管得我?棺材横头踢一脚,死人肚里自得知:我就骂那不要脸的骚货!"

隔溪立刻回骂过来了,这就是那六宝,又一位村里有名淘气的大姑娘。

于是对骂之下,两边又泼水。爱闹的女人也夹在中间帮这边帮那边。小孩子们笑着狂呼。四大娘是老成的,提起她的"蚕箪",喊着小宝,自回家去。阿多站在廊下看着笑。他知道为什么六宝要跟荷花吵架;他看着那"辣货"六宝挨骂,倒觉得很高兴。

老通宝掮着一架"蚕台"从屋子里出来,这三棱形家伙的木梗子有几条给白蚂蚁蛀过了,怕不牢,须得修补一下。看见阿多站在那里笑嘻嘻地望着外边的女人们吵架,老通宝的脸色就板起来了。他这"多多头"的小儿子不老成,他知道。尤其使他不高兴的,是多多也和紧邻的荷花说说笑笑。"那母狗是白虎星,惹上了她就得败家"——老通宝时常这样警戒他的小儿子。

"阿多!空手看野景么?阿四在后边扎'缀头'①,你去帮他!"

老通宝像一匹疯狗似的咆哮着,火红的眼睛一直盯住了阿多

---

① "缀头"是方言,是稻草扎的,蚕在上面做茧子。

的身体,直到阿多走进屋里去,看不见了,老通宝方才提过那"蚕台"来反复审察,慢慢地动手修补。木匠生活,老通宝早年是会的;但近来他老了,手指头没有劲,他修了一会儿,抬起头来喘气,又望望屋里挂在竹竿上的三张蚕种。

四大娘就在廊檐口糊"蚕箪"。去年他们为的想省几百文钱,是买了旧报纸来糊的。老通宝直到现在还说是因为用了报纸——不惜字纸,所以去年他们的蚕花不好。今年是特地全家少吃一餐饭,省下钱来买了"糊箪纸"来了。四大娘把那鹅黄色坚韧的纸儿糊得很平贴,然后又照品字式糊上三张小小的花纸——那是跟"糊箪纸"一块儿买来的,一张印的花色是"聚宝盆",另两张都是手执尖角旗的人儿骑在马上,据说是"蚕花太子"。

"四大娘!你爸爸做中人借来三十块钱,就只买了二十担叶。后天米又吃完了,怎么办?"

老通宝气喘喘地从他的工作里抬起头来,望着四大娘。那三十块钱是二分半的月息。总算有四大娘的父亲张财发做中人,那债主也就是张财发的东家"做好事",这才只要了二分半的月息。条件是蚕事完后本利归清。

四大娘把糊好了的"蚕箪"放在太阳底下晒,好像生气似的说:

"都买了叶!又像去年那样多下来——"

"什么话!你倒先来发利市了!年年像去年么?自家只有十来担叶;五张布子,十来担叶够么?"

"噢,噢;你总是不错的!我只晓得有米烧饭,没米饿肚子!"

四大娘气哄哄地回答;为了那"洋种"问题,她到现在常要和老通宝抬杠。

老通宝气得脸都紫了。两个人就此再没有一句话。

但是"收蚕"的时期一天一天逼近了。这二三十人家的小村落突然呈现了一种大紧张,大决心,大奋斗,同时又是大希望。人们似乎连肚子饿都忘记了。老通宝他们家东借一点儿,西赊一点儿,居然也一天一天过着来。也不仅老通宝他们,村里哪一家有两三斗米放在家里呀!去年秋收固然还好,可是地主,债主,正税,杂捐,一层一层地剥削来,早就完了。现在他们唯一的指望就是春蚕,一切临时借贷都是指明在这"春蚕收成"中偿还。

他们都怀着十分希望又十分恐惧的心情来准备这春蚕的大搏战!

"谷雨"节一天近一天了。村里二三十人家的"布子"都隐隐现出绿色来。女人们在稻场上碰见时,都匆忙地带着焦灼而快乐的口气互相告诉道:

"六宝家快要'窝种'①了呀!"

"荷花说她家明天就要'窝'了。有这么快!"

"黄道士去测一字,今年的青叶要贵到四洋!"

四大娘看自家的五张"布子"。不对!那黑芝麻似的一片细点子还是黑沉沉,不见绿影。她的丈夫阿四拿到亮处去细看,也找不出几点"绿"来。四大娘很着急。

"你就先'窝'起来罢!这余杭种,作兴是慢一点儿的。"

阿四看着他老婆,勉强自家宽慰。四大娘堵起了嘴巴不回答。

老通宝哭丧着干皱的老脸,没说什么,心里却觉得不妙。

幸而再过了一天,四大娘再细心看那"布子"时,哈,有几处转成绿色了!而且绿的很有光彩。四大娘立刻告诉了丈夫,告诉了

---

① "窝种"是老通宝乡里的习惯;蚕种转成绿色后就得把来贴肉揾着,约三四天后,蚕蚁孵出,就可以"收蚕"。这工作是女人做的。"窝"是方言,意即"揾"也。

老通宝,多多头,也告诉了她的儿子小宝。她就把那些布子贴肉揾在胸前,抱着吃奶的婴孩似的静静儿坐着,动也不敢多动了。夜间,她抱着那五张布子到被窝里,把阿四赶去和多多头做一床。那布子上密密麻麻的蚕子儿贴着肉,怪痒痒的;四大娘很快活,又有点儿害怕,她第一次怀孕时胎儿在肚子里动,她也是那样半惊半喜的!

全家都是惴惴不安地又很兴奋地等候"收蚕"。只有多多头例外。他说:今年蚕花一定好,可是想发财却是命里不曾来。老通宝骂他多嘴,他还是要说。

蚕房早已收拾好了。"窝种"的第二天,老通宝拿一个大蒜头涂上一些泥,放在蚕房的墙脚边;这也是年年的惯例,但今番老通宝更加虔诚,手也抖了。去年他们"卜"①的非常灵验。可是去年那"灵验",现在老通宝想也不敢想。

现在这村里家家都在"窝种"了。稻场上和小溪边顿时少了那些女人们的踪迹。一个"戒严令"也在无形中颁布了;乡农们即使平日是最好的,也不往来;人客来冲了蚕神不是玩的!他们至多在稻场上低声交谈一二句就走开。这是个"神圣"的季节。

老通宝家的五张布子上也有些"乌娘"②蠕蠕地动了。于是全家的空气,突然紧张。那正是"谷雨"前一日。四大娘料来可以挨过了"谷雨"节那一天③。布子不须再"窝"了,很小心地放在"蚕房"里。老通宝偷眼看一下那个躺在墙脚边的大蒜头,他心里就一跳。那大蒜头上还只有一两茎绿芽!老通宝不敢再看,心里祷

---

① 用大蒜头来"卜"蚕花好坏,是老通宝乡里的迷信。收蚕前两三天,以大蒜涂泥置蚕房中,至收蚕那天拿来看,蒜叶多主蚕熟,少则不熟。

② 老通宝乡间称初生的蚕蚁为"乌娘";这也是方言。

③ 老通宝乡里的习惯,"收蚕"——即收蚁,须得避过"谷雨"那一天,或上或下都可以,但不能正在"谷雨"那一天。什么理由,可不知道。

祝后天正午会有更多更多的绿芽。

终于"收蚕"的日子到了。四大娘心神不定地淘米烧饭,时时看饭锅上的热气有没有直冲上来。老通宝拿出预先买了来的香烛点起来,恭恭敬敬放在灶君神位前。阿四和阿多去到田里采野花。小小宝帮着把灯芯草剪成细末子,又把采来的野花揉碎。一切都准备齐全了时,太阳也近午刻了,饭锅上水蒸气嘟嘟地直冲,四大娘立刻跳了起来,把"蚕花"和一对鹅毛插在发髻上,就到"蚕房"里。老通宝拿着秤杆,阿四拿了那揉碎的野花片儿和灯芯草碎末。四大娘揭开"布分",就从阿四手里拿过那野花碎片和灯芯草末子撒在"布子"上,又接过老通宝手里的秤杆来,将"布子"挽在秤杆上,于是拔下发髻上的鹅毛在布子上轻轻儿拂;野花片,灯芯草末子,连同"乌娘",都拂在那"蚕箪"里了。一张,两张,……都拂过了;最后一张是洋种,那就收在另一个"蚕箪"里。末了,四大娘又拔下发髻上那朵"蚕花",跟鹅毛一块插在"蚕箪"的边儿上。

这是一个隆重的仪式!千百年相传的仪式!那好比是誓师典礼,以后就要开始了一个月光景的和恶劣的天气和噩运以及和不知什么的连日连夜无休息的大决战!

"乌娘"在"蚕箪"里蠕动,样子非常强健;那黑色也是很正路的。四大娘和老通宝他们都放心地松一口气了。但当老通宝悄悄地把那个"命运"的大蒜头拿起来看时,他的脸色立刻变了!大蒜头上还只得三四茎嫩芽!天哪!难道又同去年一样?

三

然而那"命运"的大蒜头这次竟不灵验。老通宝家的蚕非常好!虽然头眠二眠的时候连天阴雨,气候是比"清明"边似乎还要冷一点儿,可是那些"宝宝"都很强健。

村里别人家的"宝宝"也都不差。紧张的快乐弥漫了全村庄,似那小溪里淙淙的流水也像是朗朗的笑声了。只有荷花家是例外。她们家看了一张"布子",可是"出火"①只称得二十斤;"大眠"快边人们还看见那不声不响晦气色的丈夫根生倾弃了三"蚕箪"在那小溪里。

这一件事,使得全村的妇人对于荷花家特别"戒严"。她们特地避路,不从荷花的门前走,远远的看见了荷花或是她那不声不响丈夫的影儿就赶快躲开;这些幸运的人儿惟恐看了荷花他们一眼或是交谈半句话就传染了晦气来!

老通宝严禁他的小儿子多多头跟荷花说话。——"你再跟那东西多嘴,我就告你忤逆!"老通宝站在廊檐外高声大气喊,故意要叫荷花他们听得。

小小宝也受到严厉的嘱咐,不许跑到荷花家的门前,不许和他们说话。

阿多像一个聋子似的不理睬老头子那早早夜夜的唠叨,他心里却在暗笑。全家就只有他不大相信那些鬼禁忌。可是他也没有跟荷花说话,他忙都忙不过来。

"大眠"捉了毛三百斤,老通宝全家连十二岁的小宝也在内,都是两日两夜没有合眼。蚕是少见的好,活了六十岁的老通宝记得只有两次是同样的,一次就是他成家的那年,又一次是阿四出世那一年。"大眠"以后的"宝宝"第一天就吃了七担叶,个个是生青滚壮,然而老通宝全家都瘦了一圈,失眠的眼睛上布满了红丝。

---

① "出火"也是方言,是指"二眠"以后的"三眠";因为"眠"时特别短,所以叫"出火"。

谁也料得到这些"宝宝"上山前还得吃多少叶。老通宝和儿子阿四商量了：

"陈大少爷借不出，还是再求财发的东家罢？"

"地头上还有十担叶，够一天。"

阿四回答，他委实是支撑不住了，他的一双眼皮像有几百斤重，只想合下来。老通宝却不耐烦了，怒声喝道：

"说什么梦话！刚吃了两天老蚕呢。明天不算，还得吃三天，还要三十担叶，三十担！"

这时外边稻场上忽然人声喧闹，阿多押了新发来的五担叶来了。于是老通宝和阿四的谈话打断，都出去"捋叶"。四大娘也慌忙从蚕房里钻出来。隔溪陆家养的蚕不多，那大姑娘六宝抽得出工夫，也来帮忙了。那时星光满天，微微有点风，村前村后都断断续续传来了吆喝和欢笑，中间有一个粗暴的声音嚷道：

"叶行情飞涨了！今天下午镇上开到四洋一担！"

老通宝偏偏听得了，心里急得什么似的。四块钱一担，三十担可要一百二十块呢，他哪来这许多钱！但是想到茧子总可以采五百多斤，就算五十块钱一百斤，也有这么二百五，他又心里一宽。那边"捋叶"的人堆里忽然又有一个小小的声音说：

"听说东路不大好，看来叶价钱涨不到多少的！"

老通宝认得这声音是陆家的六宝。这使他心里又一宽。

那六宝是和阿多同站在一个筐子边"捋叶"。在半明半暗的星光下，她和阿多靠得很近。忽然她觉得在那"杠条"①的隐蔽下，有一只手在她大腿上拧了一把。好像知道是谁拧的，她忍住了不笑，也不声张。蓦地那手又在她胸前摸了一把，六宝直跳起来，出

---

① "杠条"也是方言，指那些带叶的桑树枝条。通常采叶是连枝条剪下来的。

惊地喊了一声：

"哎哟！"

"什么事？"

同在那筐子边捋叶的四大娘问了，抬起头来。六宝觉得自己脸上热烘烘了，她偷偷地瞪了阿多一眼，就赶快低下头，很快地捋叶，一面回答：

"没有什么。想来是毛毛虫刺了我一下。"

阿多咬住了嘴唇暗笑。虽然在这半个月来也是半饱而且少睡，也瘦了许多了，他的精神可还是很饱满。老通宝那种忧愁，他是永远没有的。他永不相信靠一次蚕花好或是田里熟，他们就可以还清了债再有自己的田；他知道单靠勤俭工作，即使做到背脊骨折断也是不能翻身的。但是他仍旧很高兴地工作着，他觉得这也是一种快活，正像和六宝调情一样。

第二天早上，老通宝就到镇里去想法借钱来买叶。临走前，他和四大娘商量好，决定把他家那块出产十五担叶的桑地去抵押。这是他家最后的产业。

叶又买来了三十担。第一批的十担发来时，那些壮健的"宝宝"已经饿了半点钟了。"宝宝"们尖出了小嘴巴，向左向右乱晃，四大娘看得心酸。叶铺了上去，立刻蚕房里充满着沙沙沙的响声，人们说话也不大听得清。不多一会儿，那些"团扁"里立刻又全见白了，于是又铺上厚厚的一层叶。人们单是"上叶"也就忙得透不过气来。但这是最后五分钟了。再得两天，"宝宝"可以上山。人们把剩余的精力榨出来拼死命干。

阿多虽然接连三日三夜没有睡，却还不见怎么倦。那一夜，就由他一个人在"蚕房"里守那上半夜，好让老通宝以及阿四夫妇都去歇一歇。那是个好月夜，稍稍有点冷。蚕房里爇了一个小小的火。阿多守到二更过,上了第二次的叶,就蹲在那个"火"旁边听那些"宝宝"沙沙沙地吃叶。渐渐儿他的眼皮合上了。恍惚听得有门响,阿多的眼皮一跳,睁开眼来看了看,就又合上了。他耳朵里还听得沙沙沙的声音和屑索屑索的怪声。猛然一个踉跄,他的头在自己膝头上磕了一下,他惊醒过来,恰就听得蚕房的芦帘啪叉一声响,似乎还看见有人影一闪。阿多立刻跳起来,到外面一看,门是开着,月光下稻场上有一个人正走向溪边去。阿多飞也似的跳出去,还没看清那人是谁,已经把那人抓过来摔在地下。他断定了这是一个贼。

"多多头!打死我也不怨你,只求你不要说出来!"

是荷花的声音,阿多听真了时不禁浑身的汗毛都竖了起来。月光下他又看见那扁得作怪的白脸儿上一对细圆的眼睛定定地看住了他。可是恐怖的意思那眼睛里也没有。阿多哼了一声,就问道:

"你偷什么?"

"我偷你们的宝宝!"

"放到哪里去了?"

"我扔到溪里去了!"

阿多现在也变了脸色。他这才知道这女人的恶意是要冲克他家的"宝宝"。

"你真心毒呀!我们家和你们可没有冤仇!"

"没有么?有的,有的!我家自管蚕花不好,可并没害了谁,你们都是好的!你们怎么把我当作白老虎,远远地望见我就别转了脸?你们不把我当人看待!"

那妇人说着就爬了起来,脸上的神气比什么都可怕。阿多瞅着那妇人好半响,这才说道:

"我不打你,走你的罢!"

阿多头也不回的跑回家去,仍在"蚕房"里守着。他完全没有睡意了。他看那些"宝宝",都是好好的。他并没想到荷花可恨或可怜,然而他不能忘记荷花那一番话;他觉到人和人中间有什么地方是永远弄不对的,可是他不能够明白想出来是什么地方,或是为什么。再过一会儿,他就什么都忘记了。"宝宝"是强健的,像有魔法似的吃了又吃,永远不会饱!

以后直到东方快打白了时,没有发生事故。老通宝和四大娘来替换阿多了,他们拿那些渐渐身体发白而变短了的"宝宝"在亮处照着,看是"有没有通"。他们的心被快活胀大了。但是太阳出山时四大娘到溪边汲水,却看见六宝满脸严重地跑过来悄悄地问道:

"昨夜二更过,三更不到,我远远地看见那骚货从你们家跑出来,阿多跟在后面,他们站在这里说了半天话呢!四阿嫂!你们怎么不管事呀?"

四大娘的脸色立刻变了,一句话也没说,提了水桶就回家去,先对丈夫说了,再对老通宝说。这东西竟偷进人家"蚕房"来了,那还了得!老通宝气得直跺脚,马上叫了阿多来查问。但是阿多不承认,说六宝是做梦见鬼。老通宝又去找六宝询问。六宝是一口咬定了看见的。老通宝没有主意,回家去看那"宝宝",仍然是很健康,瞧不出一些败相来。

但是老通宝他们满心的欢喜却被这件事打消了。他们相信六宝的话不会毫无根据。他们唯一的希望是那骚货或者只在廊檐口和阿多鬼混了一阵。

"可是那大蒜头上的苗却当真只有三四茎呀!"

老通宝自心里这么想,觉得前途只是阴暗。可不是,吃了许多叶去,一直落来都很好,然而上了山却干僵了的事,也是常有的。不过老通宝无论如何不敢想到这上头去;他以为即使是肚子里想,也是不吉利。

四

"宝宝"都上山了,老通宝他们还是捏着一把汗。他们钱都花光了,精力也绞尽了,可是有没有报酬呢,到此时还没有把握。虽则如此,他们还是硬着头皮去干。"山棚"下爇了火,老通宝和阿四他们伛着腰慢慢地从这边蹲到那边,又从那边蹲到这边。他们听得山棚上有些屑屑索索的细声音①,他们就忍不住想笑,过一会儿又不听得了,他们的心就重甸甸地往下沉了。这样地,心是焦灼着,却不敢向山棚上望。偶或他们仰着的脸上淋到了一滴蚕尿②了,虽然觉得有点难过,他们心里却快活;他们巴不得多淋一些。

阿多早已偷偷地挑开"山棚"外围着的芦帘望过几次了。小小宝看见,就扭住了阿多,问"宝宝"有没有做茧子。阿多伸出舌头做一个鬼脸,不回答。

"上山"后三天,息火了。四大娘再也忍不住,也偷偷地挑开芦帘角看了一眼,她的心立刻扑扑地跳了。那是一片雪白,几乎连"缀头"都瞧不见;那是四大娘有生以来从没有见过的"好蚕花"呀!老通宝全家立刻充满了欢笑。现在他们一颗心定下来了!"宝宝"们有良心,四洋一担的叶不是白吃的;他们全家一个月的

---

① 蚕在山棚上受到热,就往"缀头"柴上爬,所以有屑索屑索的声音。这是蚕要做茧子时的第一步手续。爬不上去的,不是健康的蚕,多半不能做茧。

② 据说蚕在做茧以前必撒一泡尿,而这尿是黄色的。

忍饿失眠总算不冤枉,天老爷有眼睛!

同样的欢笑声在村里到处都起来了。今年蚕花娘娘保佑这小小的村子。二三十人家都可以采到七八分,老通宝家更是比众不同,估量来总可以采一个十二三分。

小溪边和稻场上现在又充满女人和孩子们。这些人都比一个月前瘦了许多,眼眶陷进了,嗓子也发沙,然而都很快活兴奋。她们嘈嘈地谈论那一个月内的"奋斗"时,她们的眼前便时时现出一堆堆雪白的洋钱,她们那快乐的心里便时时闪过了这样的盘算:夹衣和夏衣都在当铺里,这可先得赎出来;过端阳节也许可以吃一条黄鱼。

那晚上荷花和阿多的把戏也是她们谈话的资料。六宝见了人就宣传荷花的"不要脸,送上门去!"男人们听了就粗暴地笑着,女人们念一声佛,骂一句,又说老通宝家总算幸气,没有犯克,那是菩萨保佑,祖宗有灵!

接着是家家都"浪山头"了,各家的至亲好友都来"望山头"。① 老通宝的亲家张财发带了小儿子阿九特地从镇上来到村里。他们带来的礼物,是软糕、线粉、梅子、枇杷,也有咸鱼。小小宝快活得好像雪天的小狗。

"通宝,你是卖茧子呢,还是自家做丝?"

张老头子拉老通宝到小溪边一棵杨柳树下坐了,这么悄悄地问。这张老头子张财发是出名"会寻快活"的人,他从镇上城隍庙前露天的"说书场"听来了一肚子的疙瘩东西;尤其烂熟的,是《十八路反王,七十二处烟尘》,程咬金卖柴扒,贩私盐出身,瓦岗寨做反王的《隋唐演义》。他向来说话"没正经",老通宝是知道的;所

---

① "浪山头"在熄火后一日举行,那时蚕已成茧,山棚四周的芦帘撤去。"浪"是"亮出来"的意思。"望山头"是来探望"山头",有慰问祝颂的意思。"望山头"的礼物也有定规。

以现在听得问是卖茧子或者自家做丝,老通宝并没把这话看重,只随口回答道:

"自然卖茧子。"

张老头子却拍着大腿叹一口气。忽然他站了起来,用手指着村外那一片秃头桑林后面耸露出来的茧厂的风火墙说道:

"通宝,茧子是采了,那些茧厂的大门还关得紧洞洞呢!今年茧厂不开秤!——十八路反王早已下凡,李世民还没出世:世界不太平!今年茧厂关门,不做生意!"

老通宝忍不住笑了,他不肯相信。他怎么能够相信呢?难道那"五步一岗"似的比露天毛坑还要多的茧厂会一齐都关了门不做生意?况且听说和东洋人也已"讲拢",不打仗了,茧厂里驻的兵早已开走。

张老头子也换了话,东拉西扯讲镇里的"新闻",夹着许多"说书场"上听来的什么秦叔宝,程咬金。最后,他代他的东家催那三十块钱的债,为的他是"中人"。

然而老通宝到底有点不放心。他赶快跑出村去,看看"塘路"上最近的两个茧厂,果然大门紧闭,不见半个人;照往年说,此时应该早已摆开了柜台,挂起了一排乌亮亮的大秤。

老通宝心里也着慌了,但是回家去看见了那些雪白发光很厚实硬古古的茧子,他又忍不住嘻开了嘴。上好的茧子!会没有人要,他不相信。并且他还要忙着采茧,还要谢"蚕花利市"[①],他渐渐不把茧厂的事放在心上了。

可是村里的空气一天一天不同了。才得笑了几声的人们现在又都是满脸的愁云。各处茧厂都没开门的消息陆续从镇上传

[①] 老通宝乡里的风俗,"大眠"以后得拜一次"利市",采茧以后,又是一次。经济窘的人家只举行"谢蚕花利市","拜利市"也是方言,意即"谢神"。

来,从"塘路"上传来。往年这时候,"收茧人"像走马灯似的在村里巡回,今年没见半个"收茧人",却换替着来了债主和催粮的差役。请债主们就收了茧子罢,债主们板起面孔不理。

全村子都是嚷骂,诅咒,和失望的叹息!人们做梦也不会想到今年"蚕花"好了,他们的日子却比往年更加困难。这在他们是一个青天的霹雳!并且愈是像老通宝他们家似的,蚕愈养得多,愈好,就愈加困难,——"真正世界变了!"老通宝捶胸跺脚地没有办法。然而茧子是不能搁久了的,总得赶快想法:不是卖出去,就是自家做丝。村里有几家已经把多年不用的丝车拿出来修理,打算自家把茧做成了丝再说。六宝家也打算这么办。老通宝便也和儿子媳妇商量道:

"不卖茧子了,自家做丝!什么卖茧子,本来是洋鬼子行出来的!"

"我们有四百多斤茧子呢,你打算摆几部丝车呀!"

四大娘首先反对了。她这话是不错的。五百斤的茧子可不算少,自家做丝万万干不了。请帮手么?那又得花钱。阿四是和他老婆一条心。阿多抱怨老头子打错了主意,他说:

"早依了我的话,扣住自己的十五担叶,只看一张洋种,多么好!"

老通宝气得说不出话来。

终于一线希望忽又来了。同村的黄道士不知从哪里得的消息,说是无锡脚下的茧厂还是照常收茧。黄道士也是一样的种田人,并非吃十方的"道士",向来和老通宝最说得来。于是老通宝去找那黄道士详细问过了以后,便又和儿子阿四商量把茧子弄到无锡脚下去卖。老通宝虎起了脸,像吵架似的嚷道:

"水路去有三十多九①呢!来回得六天!他妈的!简直是充军!可是你有别的办法么?茧子当不得饭吃,蚕前的债又逼紧来!"

阿四也同意了。他们去借了一条赤膊船,买了几张芦席,赶那几天正是好晴,又带了阿多。他们这卖茧子的"远征军"就此出发。

五天以后,他们果然回来了;但不是空船,船里还有一筐茧子没有卖出。原来那三十多九水路远的茧厂挑剔得非常苛刻:洋种茧一担只值三十五元,土种茧一担二十元,薄茧不要。老通宝他们的茧子虽然是上好的货色,却也被茧厂里挑剩了那么一筐,不肯收买。老通宝他们实卖得一百十一块钱,除去路上盘川,就剩了整整的一百元,不够偿还买青叶所借的债!老通宝路上气得生病了,两个儿子扶他到家。

打回来的八九十斤茧子,四大娘只好自家做丝了。她到六宝家借了丝车,又忙了五六天。家里米又吃完了。叫阿四拿那丝上镇里去卖,没有人要;上当铺当铺也不收。说了多少好话,总算把清明前当在那里的一石米换了出来。

就是这么着,因为春蚕熟,老通宝一村的人都增加了债!老通宝家为的养了五张布子的蚕,又采了十多分的好茧子,就此白赔上十五担叶的桑地和三十块钱的债!一个月光景的忍饿熬夜还不算!

一九三二年

---

① 老通宝乡间计算路程都以"九"计:"一九"就是九里。"十九"是九十里,"三十多九"就是三十多个"九里"。

图书在版编目（CIP）数据

林家铺子：茅盾精选集 / 茅盾著. --北京：人民
日报出版社，2017.9
ISBN 978-7-5115-4892-4

Ⅰ．①林… Ⅱ．①茅… Ⅲ．①短篇小说－小说集－中
国－现代 Ⅳ．①I246.7

中国版本图书馆 CIP 数据核字（2017）第206223号

书　　　名：	**林家铺子：茅盾精选集**
作　　　者：	茅　盾
出 版 人：	董　伟
责任编辑：	陈　红
装帧设计：	刘　晓
出版发行：	人民日报出版社
社　　　址：	北京金台西路2号
邮政编码：	100733
发行热线：	（010）65369509　65369527　65369846　65363528
邮购热线：	（010）65369530　65363527
编辑热线：	（010）65369844
网　　　址：	www.peopledailypress.com
经　　　销：	新华书店
印　　　刷：	三河市兴达印务有限公司
开　　　本：	710 mm×1000 mm　　1/16
字　　　数：	159 千
印　　　张：	14
印　　　次：	2017 年 11 月第 1 版　2017 年 11 月第 1 次印刷
书　　　号：	ISBN 978-7-5115-4892-4
定　　　价：	22.00 元

经典文丛
CLASSICS AND FAMOUS

书名	定价	书名	定价
欧也妮·葛朗台	19.00 元	简·爱	34.00 元
红与黑	32.00 元	飞鸟集	24.00 元
神秘岛	24.00 元	复活	31.00 元
茶花女	21.00 元	母亲	29.00 元
名人传	24.00 元	童年	22.00 元
悲惨世界	74.00 元	钢铁是怎样炼成的	30.00 元
海底两万里	27.00 元	格列佛游记	24.00 元
地心游记	23.00 元	福尔摩斯探案集	41.00 元
居里夫人自传	18.00 元	莫泊桑短篇小说集	23.00 元
八十天环游地球	21.00 元	假如给我三天光明	28.00 元
基督山伯爵	73.00 元	古希腊神话与传说	35.00 元
爱的教育	23.00 元	培根随笔集	21.00 元
木偶奇遇记	19.00 元	巴黎圣母院	33.00 元
绿山墙的安妮	23.00 元	昆虫记	20.00 元
堂吉诃德	43.00 元	三个火枪手	40.00 元
老人与海	20.00 元	瓦尔登湖	24.00 元
威尼斯商人	25.00 元	欧·亨利短篇小说集	25.00 元
安妮日记	23.00 元	契诃夫短篇小说集	24.00 元
傲慢与偏见	25.00 元	飘	66.00 元
呼啸山庄	25.00 元	大卫·科波菲尔	61.00 元
牛虻	24.00 元	战争与和平	79.00 元
鲁滨孙漂流记	23.00 元	在人间 我的大学	34.00 元
西游记	35.00 元	萧红精选集	24.00 元
水浒传	40.00 元	莎士比亚喜剧集	28.00 元
三国演义	30.00 元	莎士比亚悲剧集	33.00 元
红楼梦	39.00 元	汤姆·索亚历险记	22.00 元
鲁迅精选集	24.00 元	高老头	22.00 元
朱自清精选集	24.00 元	百万英镑	24.00 元
老舍精选集	23.00 元	猎人笔记	27.00 元
沈从文精选集	21.00 元	人类的故事	26.00 元
林海音精选集	21.00 元	了不起的盖茨比	24.00 元
林徽因精选集	20.00 元	安娜卡列尼娜	54.00 元
徐志摩精选集	24.00 元	一千零一夜	29.00元
小王子(双语版)	26.00 元	湘行散记—沈从文散文	23.00 元
白洋淀纪事	34.00 元	雷雨 北京人	27.00 元
飞向太空港	32.00 元	西顿野生动物故事集	20.00 元
子夜	32.00 元	林家铺子—茅盾精选集	22.00 元